本书获西安财经大学学术著作出版资助，以及国家社科基金西部项目
"后疫情时代系统性金融风险监测、预警及防控研究"
（项目编号：21XJY016）资助

中国银行业

市场结构对货币政策
传导机制的影响研究

ZHONGGUO YINHANGYE SHICHANG JIEGOU
DUI HUOBI ZHENGCE CHUANDAO JIZHI DE YINGXIANG YANJIU

宋长青◎著

中国财经出版传媒集团
经济科学出版社
Economic Science Press

图书在版编目（CIP）数据

中国银行业市场结构对货币政策传导机制的影响研究 /
宋长青著 . -- 北京：经济科学出版社，2023.7

ISBN 978 - 7 - 5218 - 4917 - 2

Ⅰ.①中… Ⅱ.①宋… Ⅲ.①银行业 – 市场结构 – 影
响 – 货币政策 – 研究 – 中国 Ⅳ.①F822.0

中国国家版本馆 CIP 数据核字（2023）第 125493 号

责任编辑：朱明静
责任校对：李 建
责任印制：邱 天

中国银行业市场结构对货币政策传导机制的影响研究

宋长青 著

经济科学出版社出版、发行 新华书店经销

社址：北京市海淀区阜成路甲 28 号 邮编：100142

总编部电话：010 - 88191217 发行部电话：010 - 88191522

网址：www. esp. com. cn

电子邮箱：esp@ esp. com. cn

天猫网店：经济科学出版社旗舰店

网址：http://jjkxcbs. tmall. com

固安华明印业有限公司印装

710×1000 16 开 13 印张 220000 字

2023 年 8 月第 1 版 2023 年 8 月第 1 次印刷

ISBN 978 - 7 - 5218 - 4917 - 2 定价：69.00 元

（图书出现印装问题，本社负责调换。电话：010 - 88191545）

（版权所有 侵权必究 打击盗版 举报热线：010 - 88191661

QQ：2242791300 营销中心电话：010 - 88191537

电子邮箱：dbts@ esp. com. cn）

前　　言

　　货币政策传导机制是一国货币运行的主要通道，是政策调控赖以生存的重要载体。货币政策传导机制问题始终处于货币政策理论的核心地位。金融机构是货币政策传导链条中的重要一环，银行业作为我国金融机构中的主体和重要组成部分，在货币政策传导机制中更是具有不可替代的重要作用。目前，以考察我国货币政策传导机制不畅为目的的研究较多，但从银行业市场结构角度分析货币政策传导机制的研究还非常少见。因此，本书从我国银行业市场结构的角度分析货币政策传导机制中银行信贷渠道的传导问题，具有重要的理论意义和现实价值。

　　本书重点研究了当前我国所处的银行业市场结构对货币政策银行信贷渠道传导的影响问题。首先，构建了一个理论分析框架，并通过建立在货币政策冲击下的贷款市场总体均衡模型，从理论上分析了银行业市场结构对货币政策银行信贷渠道产生影响的存在性问题；其次，在理论分析框架的基础上，利用我国银行业的大量数据，分别从银行业结构特征、银行业类型特征和市场集中度与竞争这三个方面对我国银行业市场结构影响货币政策银行信贷渠道传导的作用和效果进行实证检验；最后，根据研究结论提出相关政策建议。

通过理论和实证研究，发现我国当前银行业市场结构对货币政策银行信贷渠道的传导发挥着较为显著的影响作用，具体包括以下四个结论。

第一，在我国垄断竞争银行业市场结构背景下，当银行同时满足资本充足率和存贷比要求时，存在通过银行业传导的货币政策银行信贷渠道。

第二，资本充足率特征对货币政策冲击的影响最强烈，其次是流动性特征，最后是规模特征。在当期，资本不充足、规模较小的银行对货币政策冲击反应灵敏，然而在滞后1期时，资本充足、规模较大的银行反应灵敏。流动性特征并未表现出与货币政策冲击之间存在任何统计上的相关性。除此之外，还发现中资银行和外资银行不会因为银行业结构特征的不同而对货币政策银行信贷渠道的传导效果产生差异。

第三，不同类型的银行在我国货币政策银行信贷渠道传导中发挥着不同的作用，并不能简单判定孰优孰劣。国有控股大型商业银行、政策性银行和股份制商业银行在对货币政策最终目标GDP的传导方面都表现出效果不佳；国有控股大型商业银行在对货币政策最终目标CPI的传导中表现出较为显著的效果；政策性银行和股份制商业银行对利率更敏感，而国有控股大型商业银行对货币供给量的敏感度更高。

第四，我国银行业市场结构中的市场集中度和竞争程度都会对货币政策银行信贷渠道产生较为显著的传导影响，然而两者相比，市场集中度的影响力更强一些。

综观本书，可以得出以下几点创新之处。

第一，基于我国垄断竞争的银行业市场结构现状，考虑到个体银行间的异质性特征，在借鉴和修正巴利奥尼（Baglioni，2007）理论模型的基础上，根据当前我国银行业实际情况引入存贷比约束条件，构建了一个在货币政策冲击下的贷款市场总体均衡模型，重点分析在我国垄断竞争的银行业市场结构下，受资本充足率和存贷比双重约束的银行对货币政策冲击的反应程度，发现了当贷款市场中的银行满足约束条件时，货币政策银行信贷渠道存在。

第二，银行业结构特征对货币政策传导机制影响的研究吸引着国外众多学者的研究兴趣。由于我国个体银行的数据较难以获得，国内相关方面的研究较为少见。本书在借鉴国外文献的基础上，通过广泛搜集和大量整理，选取了我国不同类型的 57 家银行的面板数据，从银行资本充足率、流动性和规模三方面特征入手，运用 GMM 方法考察我国银行业结构特征对货币政策传导的影响作用，发现了资本充足率特征对货币政策冲击的影响最强烈，其次是流动性特征和规模特征。

第三，目前对我国货币政策传导机制的研究多采用总量数据，即用国内所有银行贷款总额为实证研究中的重要代理变量，忽视了银行异质性特征对货币政策的不同影响作用。由于我国银行业市场结构特征，拥有大量不同类型的银行，各种类型的银行在市场结构中所处的地位和作用不同，其对货币政策银行信贷渠道的传导效果也不同，本书通过格兰杰因果检验实证对比分析了国有控股大型商业银行、政策性银行和国家开发银行、股份制商业银行对货币政策银行信贷渠道传导的影响作用，发现三种类型的银行在对货币政策银行信贷渠道的传导中既有优势之处，同时也暴露出各自的劣势。

第四，现有文献对我国银行业竞争的研究，往往以集中度来替代，而忽视了市场集中度与竞争两个概念的区别，同时也没有研究我国银行业集中度、竞争与货币政策三者直接关系的文献。因此，本书明确区分市场集中度与竞争程度，并分别以计算得出的 CR_4 指标和基于潘策尔和罗斯（Panzar & Rosse）模型的 H 统计量进行度量，再运用脉冲响应函数得到货币政策冲击衡量指标，最后实证检验我国银行业集中度、竞争程度对货币政策银行信贷渠道传导的不同影响效果，发现我国银行业市场结构中的集中度对货币政策银行信贷渠道的影响作用要显著强于竞争程度。

目　　录

| 第 1 章 |

绪　　论

1.1　选题背景

2007 年 3 月，次贷危机在美国暴发，并迅速演变成一场全球性的金融危机。这场金融危机波及范围之广、市场影响之大、政策反应之强可谓前所未有，对全球经济的发展造成了沉重的打击。当人们反思这场次贷危机发生的根源时，不得不提到美国货币政策由松到紧的转变。2001 年美国实行宽松的货币政策，导致房地产市场泡沫的形成，2004 年 6 月，宽松的货币政策开始从紧，连续升高利率的过程不仅提高了房屋借贷成本，而且也开始抑制需求和降温市场，促发了房价的迅速下跌，并大幅提升了抵押违约风险，最终成为引发次贷危机的一条导火索。然而在世界各国应对金融危机时，货币政策又被提上议程，日本银行、英格兰银行、欧洲央行、中国人民银行等主要央行纷纷降息或者实行非传统的定量宽松货币政策，以积极应对金融危机带来的冲击。由此可见，货币政策作为宏观经济调控中重要的政策手段和工具，在发挥其稳定经济发展功能的同时，也孕育着不可预见的潜在风险，为政策的运用和制定带来了极大的风险和挑战。

随着中国人民银行开始专门行使中央银行职能和 1995 年《中华人民共和国中央银行法》的诞生，我国现代意义上的货币政策才正式走上历史舞台。货币政策的制定和实施对我国宏观经济的平稳健康发展作出了突出的贡献，特别是面对动荡多变的全球宏观经济大环境，货币政策的运用尤显重要。但是，我国货币政策的有效性依旧受到各方质疑。面对国内通货膨胀压力和所谓的流动性过剩，2008 年上半年，宏观经济调控目标是"一保一控"，即保经济增长，控通货膨胀，选择从紧的货币政策，中国人民银行先后多次提高法定存款准备金比率，法定存款准备金比率最高一度提高到了17.5%。但是为了应对金融危机，我国从紧的货币政策在 2008 年下半年出现了大逆转，由"从紧"变为"适度宽松"。2009 年，我国继续保持"适度宽松"的货币政策，增加货币和信贷投放总量，2009 年新增贷款创下了9.59 万亿元的历史天量，同比多增 4.69 万亿元。① 2012 年，欧债危机的暴发将世界经济逼向新的发展困境，我国推行了"稳增长"的宏观调控政策，再度多次下调存贷款基准利率和存款准备金率。然而，宽松货币政策导致我国房价一路高走，地方政府债务过度扩张，加剧了金融体系的不稳定性。2018 年，为了促进资金向实体经济流动，我国推进以"去杠杆""防风险"为主的宏观调控政策，上调政策性利率。2019 年新冠疫情暴发，中国人民银行持续下调存贷款利率并综合运用多种货币政策调控工具，尤其是新型货币政策工具，先后投放了近 4 万亿元的长期流动资金，最大限度地降低疫情对我国实体经济的负向冲击。然而投放数量巨大的流动性，到底是说明了我国货币政策有效性得到了提高，还是进一步证明了我国货币政策传导机制的失效？

中国人民银行是银行的银行，是制定与实施货币政策的国家机关，商业银行是货币政策传导链条中的重要一环，直接决定着中国人民银行的货币政策意图是否能够顺利高效地传导到实体经济中。中国银行业由来已久，早在明朝中期就出现了钱庄，清道光三年（1823 年）出现的日升昌票号是中国第一家专营存款、放款、汇兑业务的私人金融机构，开中国银行业之先河，但能真正意义上称为我国境内最早银行的是 1848 年英国在上海设立的"东

---

① 中国央行年内第五次上调存款准备金率达 17.5% ［EB/OL］. http：//www. chinanews. com. cn/cj/gncj/news/2008/06–07/1275589. shtml，中国新闻网，2008–06–07. 2009 年新增人民币贷款 9.59 万亿元 ［EB/OL］. 经济参考报，http：//www. mof. gov. cn/zhengwuxinxi/caijingshidian/jjckb/201001/t20100118_261144. htm，2010–01–18.

方银行分行"。改革开放前，中国实行的是"大一统"的银行体制，中国人民银行是唯一的金融机构。随着改革开放的发展和深入，中国银行业也发生了质的变化。1983 年颁布的《关于中国人民银行专门行使中央银行职能的决定》中，不仅明确指出中国人民银行专门行使中央银行职能，还规定分设中国工商银行、中国人民建设银行、中国银行、中国农业银行等专业银行，逐步形成了以中央银行为核心，以专业银行为主体的中国二元银行体制，标志着中国银行业基本制度框架的形成，并延续至今。1987 年，恢复设立交通银行，之后又先后成立了中信实业银行、深圳发展银行、广东发展银行等 10 家全国性股份制商业银行，中国银行业单一的产权结构被打破。1994 年，成立了三家政策性银行，实现了政策性金融与商业性金融的分离。1995 年颁布了《中华人民共和国商业银行法》，从法律上确立了国家专业银行的国有独资商业银行地位，明确了国有独资商业银行要以效益性、安全性、流动性为经营原则，实行自主经营、自担风险、自负盈亏、自我约束。2001 年 12 月 11 日，中国正式加入世贸组织，这意味着外资银行将在五年的过渡期后正式进入中国市场。2002 年第二次全国金融工作会议召开，明确国有独资商业银行改革是中国金融改革的重中之重，改革的方向是按现代金融企业的属性进行股份制改造。2003 年底，选择中国银行、中国建设银行进行股份制改革试点。2004 年，两家试点银行大规模的财务重组和公司治理改革全面展开，银行业改革开始进入国家控股的股份制商业银行改革阶段。2006 年底，渣打银行、汇丰银行、东亚银行、花旗银行、新加坡星展银行等九家外资银行首批获准在我国境内分行改制筹建为法人银行。2007 年 4 月，汇丰、东亚、渣打、花旗 4 家外资法人银行正式开业，标志着中外资银行同台竞争的序幕正式拉开。2013 年 7 月，国务院推出《关于金融支持经济结构调整和转型升级的指导意见》，提出要扩大民间资本进入金融业，尝试由民间资本发起设立自担风险的民营银行、金融租赁公司和消费金融公司等金融机构，也意味着我国银行业市场结构进一步得到优化。2017 年中国银行业监督管理委员会颁布的《商业银行流动性管理办法》正式将银行流动性监管纳入监管体系中，同时，我国设立了国务院金融稳定发展委员会，对金融系统形成有效监管，解决金融乱象问题。① 2022 年 1 月中国银保监发布的《中国银保监会办公厅关于银行业保险业数字化转型的指导意见》中指出，到 2025 年，银行业保险业数字化转型取得明显成效，数字化金融产品和服务方式广泛普及，金融服务质量和效率显著提高。

改革开放以来，中国银行业改革取得了巨大进步，目前我国已建立起以国有控股大型商业银行为主体，股份制商业银行、城市商业银行等在内的多层次的银行业机构体系。从银行业机构数量和资产规模来看，随着银行数量的增加，银行集中度不断下降，中小银行的市场份额占比持续提升。此外，随着银行业对外开放的不断深化，在外资银行业机构数量持续增长的同时，中资海外银行业机构的数量与种类也在不断增长。改革的成功奠定了银行业在我国金融体系中不可撼动的核心地位。然而，与货币政策联系紧密的银行业是否也在我国货币政策传导机制中发挥着不可替代的作用？我国现有的银行业市场结构是否有助于完善我国货币政策传导机制？这些问题都值得本书进行深入探讨。

1.2　研究意义

本书的研究目的是通过深入的理论研究与实证分析，建立对我国银行业市场结构的正确认识，在此基础上考察我国银行业市场结构对货币政策传导机制——特别是银行信贷渠道的影响作用，最终从银行业市场结构角度提出完善我国货币政策传导机制的政策建议。

货币政策传导机制是一个既古老又新兴的课题。说它古老，是因为早在古典经济学时期就引起了学者们的研究兴趣；说它新兴，是因为货币政策传导机制与实际经济生活联系十分紧密，只有货币政策传导机制不断拓展新思路、研究新理论、运用新方法，才能适应不断变化与发展的宏观经济环境，才能解决

---

① 2023 年 9 月不再保留国务院金融稳定发展委员会及其办公室，将国务院金融稳定发展委员会办公室职责划入中央金融委员会办公室。

宏观经济运行中出现的新情况、新问题。因此，本书从银行业市场结构视角对我国货币政策传导机制进行全面研究，具有十分重要的理论与现实意义。

货币政策传导机制拥有坚实的理论基础。对于信贷渠道来讲，信息经济学是其理论基础，它为研究货币政策在贷款市场上的传导提供了重要的理论支持。随着研究的深入，研究视角不仅仅局限于贷款市场，而是进一步扩展到其他金融市场，信贷渠道中的资产负债表渠道概念便应运而生（Lensink & Sterken，2002）。近几年，国外学者们开始关注银行业市场结构、特征对货币政策传导的影响，纷纷把产业组织理论融入货币政策传导机制的研究中。由此可见，货币政策传导机制的理论研究并没有停止发展的脚步，而是始终坚持着与实践相结合，不断进行着理论创新。但是国内在此方面的理论研究方面起步较晚，发展也较慢，更没有紧跟理论研究更新换代的脚步。因此，本书结合我国宏观经济实际情况，借鉴国外最新研究理论与方法，为我国货币政策传导机制的理论研究添砖加瓦，具有重要的理论意义和价值。

从现实层面上讲，一直以来，货币政策传导机制为我国宏观经济的稳定健康运行作出了突出的贡献，但是仍然存在着货币政策传导渠道不畅等问题，货币政策传导机制的有效性还有待考察。目前，我国利率市场化还未完全实现，这就限制了通过利率传导的货币政策效果的发挥，而通过银行传导的信贷渠道仍然是当前我国货币政策传导中的主渠道。在货币政策传导机制的信贷渠道中，银行是不可或缺的重要中间环节，银行的借贷行为直接关系到货币政策信贷渠道传导的最终效果。与国外相比，我国银行业具有市场集中度高、受政策性控制强、有效竞争不充分等特点，在我国货币政策传导机制中也发挥着独特的作用。因此，关注我国特有的银行业市场结构及其所决定的银行业特征，对完善我国货币政策传导机制、提高银行信贷渠道传导效应具有一定的现实指导意义和价值。

1.3　研究对象

本书的研究对象主要包括以下两方面的内容。

第一，银行业市场结构，具体指我国银行业市场结构。某一市场中各种要素之间的内在联系及其特征构成了市场结构，市场结构一般由市场主体、市场格局和市场集中度等要素共同构成。本书的研究对象集中于我国银行产业的市场结构，具体是 2021 年由开发性金融机构 1 家、住房储蓄银行 1 家、政策性银行 2 家、大型商业银行 6 家、股份制商业银行 12 家、城市商业银行 128 家、农村商业银行 1596 家、农村合作银行 23 家、农村信用社 577 家等 4602 家银行业金融机构共同组成的我国银行业市场结构。①

第二，货币政策银行信贷渠道。货币政策传导机制概念宽泛，内涵深厚，涉及"货币观"和"信贷观"两种观点，又被分为利率渠道、汇率渠道、资产价格渠道、信贷渠道等多种传导途径。本书的研究主要集中于银行与货币政策传导机制之间的联系问题，与之关联最紧密的货币政策传导机制理论当属信贷渠道。信贷渠道又可以划分为银行信贷渠道和资产负债表渠道。资产负债表渠道关注货币政策对企业资产负债表的冲击，而导致贷款可获得性的改变，与本书的研究思路有所出入，而银行信贷渠道则更多地关注货币政策对银行信贷供给的冲击，适合本书的研究目的。因此，货币政策银行信贷渠道也为本书的研究对象之一。

1.4 研究思路及结构安排

首先，本书在正确认识我国当前所处的银行业市场结构类型下，试图对银行业市场结构对货币政策传导机制的影响机理进行理论分析，不仅证实银行业市场结构对货币政策传导机制会产生影响作用的存在性问题，而且还从银行业市场结构角度发现影响两者作用力的影响因素；其次，在理论研究的基础上，具体分析检验银行业市场结构所包含的各影响因素对货币政策传导机制的作用效果问题；最后，结合我国改革开放以来宏观经济金融的发展与

---

① 银行业金融机构法人名单［EB/OL］. 中国银保监会网站，http：//www. cbirc. gov. cn/cn/view/pages/governmentDetail. html？docId＝1043881&itemId＝863&generaltype＝1，2022－03－21.

当前银行业市场结构的现状，从银行业市场结构的角度提出完善我国货币政策传导机制的政策建议。

本书研究内容共分为八章，具体的章节安排如下。

第1章为绪论。主要介绍本书的选题背景、研究目的与意义，明确本书的研究对象，确立研究内容和研究方法，概括归纳本书的创新之处。

第2章为相关文献综述。从货币政策传导机制及其银行信贷渠道、银行业市场结构、银行业市场结构对货币政策传导机制影响三方面进行文献梳理，并进行相应的评价。

第3章为我国银行业市场结构与货币政策传导机制现状分析。首先，分别介绍了我国货币政策及其传导机制、银行业市场结构的历史与发展；其次，从货币政策银行信贷渠道的视角提出了我国货币政策传导机制中存在的问题，并探究出现这些问题的深层次原因；最后，开展我国银行业市场结构和美国、德国等经济体银行业市场结构的国际比较，为我国银行业市场未来发展提供经验借鉴。

第4章为银行业市场结构对货币政策银行信贷渠道影响的理论分析框架。首先，对货币政策传导机制相关理论进行分析，重点考察了信贷渠道中所包含的银行信贷渠道；其次，对市场结构相关概念进行理论分析，在此基础上对我国银行业市场结构类型进行理论判别；再次，构建了理论分析框架，即从反映我国银行业市场结构的银行业结构特征、类型特征和集中与竞争程度三个方面研究对货币政策银行信贷渠道的影响作用问题；最后，通过构造货币政策冲击下贷款市场总体均衡的数理模型，分析银行业市场结构对货币政策银行信贷渠道的影响作用的存在性问题。

第5章为银行业结构特征对银行信贷渠道影响的实证分析。考虑到银行的异质性特征，选取我国57家银行2004～2019年的面板数据，运用GMM方法考察银行资本充足率、流动性和资本规模等特征因素对货币政策银行信贷传导的影响效果问题。

第6章为银行业类型特征对银行信贷渠道影响的实证分析。针对我国特有的银行业市场结构，运用单位根检验、协整检验和格兰杰因果检验等实证方法，研究对比我国国有控股大型商业银行、政策性银行及国家开发银行、股份制商业银行对货币政策银行信贷渠道传导的不同作用效果。

第7章为银行业市场集中度、竞争对银行信贷渠道影响的实证分析。首先，明确银行业中集中度与竞争两个概念的内涵，明确两者的联系与区别；其次，运用潘策尔和罗斯（Panzar-Rosse）模型对我国银行业竞争程度进行定量分析，得出衡量我国银行业竞争程度的 H 统计值；再次，在建立 VAR 模型的基础上，通过脉冲响应函数得到货币政策冲击变量；最后，实证检验我国银行市场集中度与竞争对货币政策银行信贷渠道的不同传导作用和效果。

第8章为结论与展望。归纳总结本书主要结论，针对本书的理论和实证分析提出具有可行性的政策建议，并对下一步工作进行展望。

本书基本结构框架如图 1-1 所示。

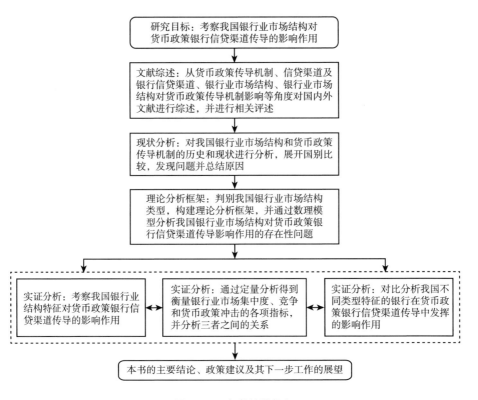

图 1-1 本书结构框架

资料来源：笔者根据研究思路绘制。

1.5 研究方法及技术手段

本书的研究方法及技术手段主要有以下四种。

（1）文献研究方法。对与银行业市场结构和货币政策及其传导机制相关的国内外文献进行全面系统的梳理，在此基础上发现现有文献的贡献与不足，结合我国银行业市场结构特征与货币政策运行具体情况，延伸出本书的研究思路。

（2）数理模型研究方法。借鉴产业组织理论，运用数理分析等方法，建立银行业市场结构影响货币政策银行信贷渠道的理论模型，从理论视角定位我国银行业市场结构对货币政策银行信贷渠道传导作用的存在性和影响因素等问题。

（3）实证研究方法。结合各章的研究目的与研究内容，选用广义矩方法（GMM）、加权最小二乘估计方法（WLS）、单位根检验、协整检验、向量自回归模型（VAR）、脉冲响应函数、格兰杰因果检验等多种实证方法进行检验，以期得出更科学、更具说服力的研究结论。

（4）比较研究方法。此方法也运用于本书的多个章节中，如比较分析了我国银行业市场结构和美国、德国、欧洲等经济体银行业市场结构，比较分析了银行信贷渠道和资产负债表渠道，比较分析了资本充足率、流动性和规模等银行业结构特征对货币政策银行信贷传导的不同影响作用，比较分析了市场集中度指标与竞争指标对货币政策银行信贷传导的不同影响作用，还比较分析了我国国有控股大型商业银行、政策性银行及国家开发银行、股份制商业银行对货币政策银行信贷传导的不同影响作用。

因此，本书从我国银行业市场结构与货币政策运行的现实情况入手，将理论研究与实践调研相结合、规范研究与实证研究相结合，并借助产业经济学、货币银行学、金融学、统计学、计量经济学等相关学科的理论与研究方法，使本书的研究及其相关技术手段具有可行性。

1.6　本书主要创新点

综观本书，可以得出以下四点创新之处。

第一，发现了在我国垄断竞争的银行业市场结构下，当贷款市场中的个体银行满足资本充足率和存贷比约束时，货币政策银行信贷渠道存在，而且，货币政策冲击在贷款市场中的总效应要大于个体银行对货币政策反应程度的简单加和。本书基于我国垄断竞争的银行业市场结构现状，考虑到个体银行间的异质性特征，在借鉴和修正巴利奥尼（Baglioni，2007）理论模型的基础上，根据当前我国银行业实际情况引入存贷比约束条件，构建了一个在货币政策冲击下的贷款市场总体均衡模型，重点分析在我国垄断竞争的银行业市场结构下，受资本充足率和存贷比双重约束的银行对货币政策冲击的反应程度。

第二，发现了在我国银行业市场结构决定的银行业结构特征中，资本充足率特征对货币政策冲击的影响最强烈，其次是规模特征和流动性特征。银行业结构特征对货币政策传导机制影响的研究吸引着国外众多学者的研究兴趣。但是由于我国个体银行的数据较难以获得，国内相关方面的研究较为少见。本书在借鉴国外文献的基础上，通过广泛搜集和大量整理，选取了我国不同类型的 57 家银行的面板数据，从银行资本充足率、流动性和规模三方面特征入手，运用 GMM 方法考察我国银行业结构特征对货币政策传导的影响作用。

第三，发现了在我国银行业市场结构下，各种类型的银行在对货币政策银行信贷渠道的传导过程中发挥着比较显著但不相同的作用，然而并不能简单得出孰优孰劣的结论。目前对我国货币政策传导机制的研究多采用总量数据，即用国内所有银行贷款总额为实证研究中的重要代理变量，忽视了银行异质性特征对货币政策的不同影响作用。针对我国银行业市场结构特征，拥有大量不同类型的银行，各种类型的银行由于在市场结构中所处的地位和作用不同，对货币政策银行信贷渠道的传导效果也不同，本书通过格兰杰因果检验实证对比分析了国有控股大型商业银行、政策性银行和国家开发银行、股份制商业银行对货币政策银行信贷渠道传导的不同影响作用。

第四，发现了我国银行业市场结构中的集中度对货币政策银行信贷渠道的影响作用要显著强于竞争程度。现有文献对我国银行业竞争的研究，往往以集中度来替代，而忽视了市场集中度与竞争两个概念的区别，同时也没有研究我国银行业集中度、竞争与货币政策三者直接关系的文献。因此，本书明确区分市场集中度与竞争程度，并分别以计算得出的 CR_4 指标和基于 Panzar & Rosse 模型的 H 统计量进行度量，再运用脉冲响应函数得到货币政策冲击衡量指标，最后实证检验我国银行业集中度、竞争程度对货币政策银行信贷渠道传导的不同影响效果。

第 2 章

相关文献综述

与银行业市场结构联系最紧密的货币政策传导渠道当属银行信贷渠道，本章在对货币政策传导机制进行简要回顾后，首先主要介绍了银行信贷渠道的相关文献综述，其次梳理了银行业市场结构的相关研究文献，最后重点回顾了银行业市场结构对货币政策传导机制影响的已有相关研究，并对相关文献进行评述，以寻求本书研究的立足点。

2.1　货币政策传导机制文献概览

货币政策传导机制理论的发展由来已久，然而，最早的争论来自关于货币是否中性的讨论。在 1776～1879 年的古典时期，法国经济学家萨伊（J. B. Say）提出"货币面纱观"（the vell-view of money），指出货币经济实际上只不过是实物相互交换的过程，货币对实际经济不会产生任何实质性的影响，只不过是罩在上面的一层面纱。萨伊的这种观点是货币中性的集中体现，也是古典经济学与新古典经济学的经济"二分法"观点。但是随着现实经济与理论研究的不断变化与发展，货币中性的观点开始受到学者们的质疑。最先发难的当属新古典时期的代表人物之一、瑞典经济学家克尼特·魏克塞尔（Kunt Wicksell），他批判了货币数量论对货币的肤浅认识，强调货币理论要从单纯的货币价格向货币的经济理论转变。他提出的累积过程理论研究了利率、物价与实体经济的关系，为货币政策传导机制理论的正式提出提供了理论上的准备。

魏克塞尔突破货币中性的思想深刻影响着约翰·梅纳德·凯恩斯（John Maynard Keynes），最终推动他成为第一个正式提出现代意义上货币政策传导理论的西方经济学家。凯恩斯彻底抛弃了货币中性的观点，认为货币具有非中性的特质，能够对实体经济变量产生影响。之后，不同学派对货币政策传导机制从不同角度进行了深入的研究，总体可以归纳为"货币观"和"信贷观"（Stiglitz & Joseph，2002）。其中，"货币观"主要包括凯恩斯学派和货币主义学派，前者关注货币价格，强调利率是货币政策传导理论中的核心环节，后者关注货币数量，强调货币供应量在货币政策传导中具有决定性效果，但其共性表现在始终关注的是货币层面；"信贷观"则属于新凯恩斯主义学派，主要强调贷款在货币政策传导中的重要性，可分为"银行信贷渠道"和"资产负债表渠道"。博伊文和詹诺尼（Boivin & Giannoni，2006）通过 DSGE 模型探究货币政策传导机制变化以及经济对政策冲击的反应的根源，发现宏观经济对冲击的反应，不仅和私营部门行为相关，而且与货币政策的实施方式有关。博伊文等（Boivin et al.，2010）讨论了宏观经济思想中关于货币政策传导机制的演变，认为新古典主义渠道依然是货币政策影响实际经济变量的核心渠道，非古典主义渠道的影响有限。布赫等（Buch et al.，2018）介绍了货币政策传导机制中的银行跨境传导机制，强调了不同时期的不同银行的传统和非传统政策的异质性。

本书主要研究银行业市场结构与货币政策传导机制之间的关系，而银行业作为我国金融结构中的主体组成部分，是货币政策传导中重要的微观基础，是"银行信贷渠道"传导中的重要中介，与货币政策"信贷观"密不可分。因此，本书的文献梳理从货币政策的银行信贷渠道开始，逐步过渡到银行业市场结构、银行业市场结构对货币政策传导影响作用等相关问题。

2.2 货币政策银行信贷渠道文献综述

货币政策信贷传导渠道理论源自 20 世纪 50 年代出现的信用可获得性理论（Roosa，1951；Lindbeck，1962）。该理论依赖于信贷配给假说，但因为信贷配给假说缺乏令人信服的论证，使得信用可获得性理论也未能得到充分的重视。20 世纪 70 年代，信息经济学的发展为解释信贷配给假说提供了理论可能性。信息经济学指出，由于信息不对称的存在，能够引发逆向选择和道德风险等问题，信贷市场在一定利率水平下不能够完全出清，这就导致了信贷配给的存在（Stiglitz & Weiss，1981；Jaffee & Russell，1976；Williamson，1986）。20 世纪 80 年代，新凯恩斯主义针对货币传导渠道忽视了信息不对称和金融市场的不完美等问题，提出货币政策的信贷传导渠道理论。伯南克和布林德（Bernanke & Blinder，1988）运用信息经济学理论，借鉴均衡信贷配额理论（Stiglitz & Weiss，1981），对传统凯恩斯主义的 IS - LM 模型进行修正，提出信贷市场、货币市场和商品市场三市场均衡的模型，指出在不完美的金融市场条件下，在利率不能充分反映信贷资金供求状况时，货币供给量变动怎样通过银行流动性途径影响银行信用供给可能量，从而对实际经济发挥作用。他们对货币政策信贷传导渠道的研究具有开创性的意义，奠定了货币政策"信贷观"的理论基础。

"信贷观"以金融市场的不完备和银行贷款的不可完全替代为假设前提（Bernanke & Gertler，1995；Kakes，2002）。伯南克和格特勒（Bernanke & Gertler，1995）对货币政策信贷传导渠道划分为银行借贷渠道（bank lending channel）和资产负债表渠道（bank balance sheet channel）。银行借贷渠道强调银行等存款机构在货币政策传导中的特殊作用，货币政策通过影响银行部门的贷款供给量进而影响借款人的贷款可获得性并最终影响产出。资产负债表渠道前提假设是外部融资升水与借款者净资产负相关，强调信贷合同和借款者的财务状态，主要分析借款者的资产负债表对货币政策传导的潜在作用，变量包括净资产、现金流和流动性资产等。与资产负债表渠道密切相关的还有金融加速器渠道，即当经济低迷时，企业净资产降低进而导致外部融资溢价上升，将会进一步放大对经济的负面冲击（Bernanke & Gertler，1989）。之后，学者们遵循信贷传导渠道的两种具体形式，开展了大量有价值的研究工作。这些研究成果无论是从理论层面还是从实证层面，都为"信贷观"的发展与完善作出了突出的贡献。

2.2.1　国外文献综述

银行借贷渠道是否真正发挥作用，学术界存在着争议。C. 罗默和 D. 罗默（C. Romer & D. Romer，1990）认为紧缩性货币政策并不直接作用于银行信贷，银行信贷对货币政策的传导是无效的。丰富城（Toyofuku，2008）的模型揭示了在预算软约束和银行信贷资金限制的情况下，扩张性的货币政策只能增加贷款数量而不能提高贷款质量，从而不能真正刺激经济。如果要提高贷款的质量，则只能减少贷款的数量。但是他们的观点并没有得到更多学者的认可，大多数的学者通过理论与实证分析普遍证实了银行借贷渠道的存在。卡什亚普等（Kashyap et al.，1993）通过银行贷款及其替代——商业票据之间的互动关系来考察货币政策的信贷传导渠道，发现紧缩性的货币政策会使商业票据发行增加而银行贷款减少，不仅如此，贷款供给量的这种变化还能影响投资，控制利率和产出。卡什亚普和斯坦（Kashyap & Stein，1995）利用 1976~1992 年美国银行业的数据，发现当美联储从金融系统中抽出一部分存款时，银行无法在短期内通过非存款外部融资弥补贷款缺口，从而导致信贷规模下降，依赖银行信贷的非金融企业不得不削减投资支出，支持了银行信贷渠道的存在性。亨德里克斯和肯帕（Hendricks & Kempa，2009）运用马尔可夫转换模型考察了美国 20 世纪货币政策传导的经济历史，结果显示货币政策信贷传导渠道在经济危机时刻表现得尤为显著，特别是在美国经济大萧条和 20 世纪 80 年代储蓄和贷款灾难时期。苏门（Sumon，2011）聚焦于银行的所有权属性，通过对比不同属性银行的信贷规模对同一货币政代理变量的反映，来研究货币政策对不同属性银行信贷供给的影响，研究成果表明当货币政策处于紧缩周期时，不同属性的银行信贷规模对货币政策表现出明显的差异性。阿米杜和沃尔夫（Amidu & Wolfe，2013）实证发现：一国银行间的相互竞争程度会在一定程度上对各自银行的业务模式和单项业务的盈利能力产生影响，这会在某种程度上对银行业信贷传导渠道产生影响。埃万格利斯塔等（Evangelista et al.，2018）根据不同的 VAR 模型，分析了脉冲响应函数并对误差方差进行分解，证明了信贷渠道的存在。萨皮恩萨等（Sapriza et al.，2020）研究了美国货币政策传导中存在的不对称现象，发现当美联储货币政策为紧缩性，特别是货币政策立场为扩张性时，银行信贷渠道作用效果更强。布雷特纳和舍德勒（Breitenlechner & Scharler，2021）将大额存单市场数据和美国宏观经济数据相结合，实证分析发现银行再融资成本是影响银行信贷渠道的关键因素，当政策冲击与银行可用资金供应均减少时，银行贷款量才会立即持续下降，与银行贷款渠道一致。

随着世界各国对货币政策重视程度的加深，学者们的研究不仅局限于美国等发达国家，而且开始关注世界其他国家的货币政策银行信贷传导渠道的效果。由于世界各国的经济发展水平与经济政治体制的不同，货币政策银行信贷传导渠道的效果存在着差异，但其存在性得到了普遍认可。安德烈亚斯·沃姆斯（Andreas Worms，2001）选取德国所有银行的个人资产负债表数据信息，通过动态面板估计，发现银行普遍会通过锐减贷款、降低短期银行间同业拆借利率等措施来应对紧缩性的货币政策，证实了货币政策银行信贷传导渠道的存在性，但是银行流动性对货币政策的传导作用十分微弱。胡尔塞维等（Hülsewig et al.，2005）运用 VECM 模型同样也证实了德国货币政策信贷传导渠道的存在性。利奥·德·哈恩（Leo De Haan，2003）选用单个银行 1990~1997 年的季度数据，运用 GMM 估计方法，实证检验了信贷传导渠道在荷兰的存在性，然而，通过区分不同的贷款类型，发现不是所有的信贷对货币政策的传导都有影响，只有无政府担保的信贷对货币政策的改变才是敏感的。而对于有政府担保的信贷，由于政府的支持与保护，货币政策的改变对其没有影响。迈克尔·卡恩等（Michael Kahn et al.，2002）通过

VAR 模型发现以色列的货币政策冲击能够提高实际利率水平而降低通货膨胀预期，短期利率比长期利率对货币政策的影响更显著，同时货币政策冲击对汇率也产生影响。罗曼·马图斯克和尼古拉斯·萨兰蒂斯（Roman Matousek & Nicholas Sarantis，2008）选取了 1994～2003 年中东欧八国银行分类面板数据，实证检验得出银行信贷渠道在这八个国家中都不同程度地发挥着作用。除此之外，日本、乌克兰、印度和巴基斯坦也都被证实了货币政策信贷渠道的存在性（Kaoru Hosono，2006）。阿尔贝塔齐等（Albertazzi et al.，2016）利用欧元区银行层面的贷款利率数据比较分析了常规和非常规货币政策通过银行信贷供应变化的传导效果，结果发现银行信贷渠道对这两种货币政策均是有效的。库玛和达什（Kumar & Dash，2020）选取 439 个变量的大型数据集研究了 1997～2017 年印度货币政策对通货膨胀不同指标影响的时变效应，研究发现由于信贷渠道传导效率的提升导致紧缩性货币政策在控制总体物价水平波动方面的有效性在不断提高。奈博胡（Naiborhu，2020）使用季度银行级别数据评估了印度尼西亚的货币政策银行信贷渠道，结果发现货币政策的信贷渠道适用于所有大小银行，较高的资本缓冲和较好的流动性头寸缓解了大型银行货币政策变化对信贷增长的影响，而资本缓冲和流动性头寸并未改变小型银行的信贷渠道。布尔戈（Boungou，2021）选取了 54 个国家（地区）经营的 4072 家银行的数据，研究负利率政策下货币政策的信贷渠道是否运作，实证发现负利率背景下货币政策向实体经济的传导取决于银行的具体特征。

2.2.2　国内文献综述

20 世纪 90 年代中期以来，我国也逐渐出现了大量有关货币政策信贷传导渠道的研究文献。综观现有文献，多采用计量实证检验的方法，考察信贷渠道在我国货币政策传导机制中的地位和作用。然而现有的研究并没有达成统一观点，争论点集中在信贷渠道是否为我国货币政策传导机制中的主要传导渠道方面。王振山和王志强（2000）运用协整和格兰杰因果检验方法，分别对 1981~1998 年的年度数据和 1993~1998 年的季度数据进行检验，得出信贷渠道是我国货币政策的主要传导渠道的结论。李斌（2001）运用交互影响的多元反馈时间序列模型检验了 1991~2000 年的季度数据，发现信贷总量与货币政策最终目标变量的相关系数更高，从而证实了信贷渠道比货币渠道作用更明显。盛朝晖（2006）通过分析比较 1994~2004 年我国货币政策传导的主要传导渠道效应，发现经济主体对利率变化不如对信贷数量变化敏感，因此，信贷渠道的作用大于货币渠道。周孟亮等（2006）和廖国俊等（2006）的实证研究同样支持了以上观点。江群和曾令华（2008）在构建了一个固定汇率体制下信贷传导机制的跨期一般均衡模型的情况下，利用 VAR 模型的脉冲响应分析，结果表明，1998~2007 年信贷渠道在我国货币政策传导机制中占有重要地位，但同时也说明了我国货币政策效果不佳与信贷渠道梗阻密切相关。进而，他们从研究我国货币政策信贷渠道的动态变迁角度入手，选取 1993~2007 年的季度数据，通过建立状态空间模型，并在此基础上构造线性回归模型，估计我国货币政策信贷传导渠道作用的动态轨迹。结果发现国有银行改制、信贷管理体制改革、贷款利率市场化、银行业竞争程度和金融创新水平提高是导致我国信贷渠道弱化的主要动因。姚余栋和谭海鸣（2013）基于"新共识"宏观经济模型，将通胀预期纳入货币政策宏观模型框架中，重点分析 2005~2011 年月度数据，发现信贷传导机制仍是我国货币政策传导的最重要途径。战明华和应诚炜（2015）研究发现我国货币管理部门采用数量型工具和价格型工具进行货币政策调整，呈现出货币政策银行信贷渠道占主要地位的现象。陈雄兵（2017）利用固定效应模型研究 102 家商业银行的市场力量和竞争，结果表明竞争通过银行信贷渠道强化了货币政策的传导机制，而且这种强化关系在小规模、高资本和高流动性的银行中表现得更为明显。陈书涵等（2019）选取准备金这一货币政策，研究其对商业银行信贷规模与投放的影响，发现定向降准政策能有效刺激商业银行的信贷需求，而且政策强度越强，刺激作用越好。潘攀和邓超（2020）基于 2008~2017 年沪深两市非金融上市企业数据的实证研究发现，相较于宽松货币政策，紧缩性货币政策通过银行信贷渠道的传导更为有效。

但是，也有学者提出了异议，他们并不同意信贷渠道就是我国货币政策传导机制中的主要渠道。陈飞等（2002）采用 VAR 模型和脉冲响应函数对 1991～2000 年的季度数据进行实证检验，发现信贷渠道对 GDP 的作用不如货币渠道明显。孙明华（2004）运用单位根检验、协整检验、格兰杰因果检验和向量自回归等计量技术，对我国 1994～2003 年的季度数据进行实证分析，结果证实了我国当时的货币政策是通过以货币供给量为代表的货币渠道而不是信贷渠道对实体经济产生影响的。汪恒（2007）以上海市为例，通过构建分省的宏观模型，使用数学方法直接消除传统货币渠道对货币政策传导的影响，发现信贷规模的增长对产出的实际影响不明显。李琼和王志伟（2006）通过实证分析也得到了相似的结论。陆虹（2013）通过协整检验、脉冲响应分析和方差分解，分析我国货币政策传导的信贷渠道和货币渠道的有效性，结果发现信贷渠道的作用在长期有逐步弱化的趋势。刘尧成和庄雅淳（2017）采用 TVP－SV－VAR 模型对比分析我国数量型和价格型两种货币政策中介目标传导机制的有效性，结果表明利率对货币供应量比货币供应量对利率的影响显著。

2.3　银行业市场结构文献综述

2.3.1　国外文献综述

市场结构属于产业组织理论的研究范畴。产业组织理论以产业组织为研究对象，主要研究市场结构的类型与特征，以及企业在不同市场结构下的市场行为、市场绩效之间的相互关系。产业组织理论最早注重对制造业的研究，直到 20 世纪 60 年代，银行业才纳入产业组织理论的研究领域中，并引入不完全信息理论和委托代理理论，最终促成了银行微观经济理论的形成与发展。20 世纪 60 年代，银行产业组织研究集中于根据寡占产品市场理论提出假设并进行实证分析，20 世纪 80 年代，随着不完全市场理论和新制度经济学的兴起，以银行为代表的金融中介微观理论得以发展，20 世纪 90 年代，银行业放松管制，银行业产业组织的分析框架更倾向于建立在银行微观理论基础上，大胆采用产业组织学的研究方法，将单一的实证分析与产业组织理论相结合（Harman，1991；Calem & Carlino，1991）。

银行业产业组织理论的研究多集中于对市场结构、市场行为与绩效之间的关系方面，主要存在两种观点，即市场力量假说（market-power hypothe-sis，MP）和效率结构假说（efficient-structure hypothesis，ES）。市场力量假说包括传统的 SCP 假说和相对市场力量（relative-market-power，RMP）假说。传统的 SCP 假说严格遵循产业经济学"结构—行为—绩效"的经典范式，认为外生的市场结构影响着银行的市场行为并进而决定了银行的绩效，高市场集中度将导致银行相互勾结，降低市场的竞争程度，同时，勾结银行运用市场势力还可以获得超额利润。相对市场力量假说认为只有在市场集中度高的情况下，市场份额大的银行才能通过市场势力获得有利于自身的定价决策，从而获得更多的垄断利润。效率结构假说包括 X 效率结构（ESX）假说和规模效率结构（ESS）假说。X 效率结构假说侧重研究管理水平或生产技术与市场集中度的关系，指出由于更有效的管理水平或更先进的技术水平能够降低成本增加利润，具有这些特征的银行将获得更高的市场份额。规模效率结构假说则侧重研究规模经济与市场集中度的关系，指出即使管理水平和生产技术水平相差无几，处于较优规模经济的银行能够使成本更低，利润更高，市场份额也越大。总之，以上两种观点的共同之处在于都证实了市场结构与银行绩效的正相关性。

在实证研究方面，以上假说也得到了很多文献提供的经验支持。运用美国的银行数据，学者们普遍认为市场份额与银行盈利性呈现出正相关的关系（Amel & Rhoades，1988；Evanoff & Fortier，1988；Berger，1995）。斯密尔洛克（Smirlock，1985）选取了 1973 ~ 1978 年 2700 个银行数据作为样本，考察银行利润、市场份额、市场集中度之间的关系，结果显示当把市场集中度看作控制变量时，市场份额与利润之间表现出显著的正相关关系，而当加入市场集中度这个变量时，银行利润并没有表现出显著的变化。他的研究支持了效率结构假说。伯格和汉纳（Berger & Hannan，1989）从 195 个地方金融市场中选取了 470 个银行 1983~1985 年两年半的季度数据，结果发现与市场集中度低的地区相比，高市场集中度地区的银行将会付出较低的利息，说明了市场集中度与存款利率呈负相关关系，他们的研究支持了传统的 SCP 假说。还有学者运用欧洲银行的数据实证支持了以上假说，然而与美国不同的是，欧洲银行更强调市场集中度而非市场份额与银行绩效的正相关关系（Molyneux & Thomton，1992）。

戈德史密斯（Goldsmith，1969）在《金融结构与金融发展》中对金融结构与金融效率进行了开创性的研究，之后更多的学者开始关注银行业结构与经济增长的研究。瑞奥丹（Riordan，1993）、彼德森和拉詹（Petersen & Rajan，1995）、卡米纳和马图特（Caminal & Matutes，1997）、施尼泽（Schnitzer，1999）通过建立局部均衡模型，发现在垄断的银行结构下，能够缓解银行借贷中出现的问题，因此，银行垄断的存在对整个经济发展有利。但是他们的观点并没有得到所有学者的认同，也有学者通过建立一般均衡模型对局部模型提出疑问，指出缺乏竞争的市场结构可能会损伤经济。史密斯（Smith，1998）通过分析银行结构对收入和商业周期的作用证实了缺乏竞争的银行业结构不利于经济发展。塞里泰利（Cetorelli，1997）发现银行业垄断对采用新技术和降低监管成本是有利的，然而由此获得的收益又会被以银行利润形式存在的生产性资源再分配所抵销。古斯曼（Guzman，2000）的一般均衡模型同样证明了垄断的银行市场结构不利于资本积累和经济增长。当信贷配给存在时，垄断银行的信贷配给问题比竞争银行更严重，当信贷配给不存在时，垄断银行会对信贷投资进行过分监管。此外，垄断银行比起竞争银行更容易出现信贷配给问题。马尔克斯（Marquez，2002）从信息分散的角度，阐释了大量小银行组成的竞争性市场反而会产生无效率：相比大银行，小银行拥有的市场信息更少，筛选效率更低，这种信息分散最终造成更多低质量借款人得到贷款，并提升了贷款利率。戴尔·阿里西亚（Dell' Ariccia，2004）以信息为切入点，分析当银行业遭受外生政策冲击变得更具竞争性时，不同类型企业贷款可得性的变化。银行在向某一企业贷款时，获取了企业的相关信息成为知情者，也就获得了"捕获"这家企业的垄断势力。卡布等（Carbo et al.，2009）提出的"市场势力假说"认为，在竞争的银行业市场结构中，商业银行为了获得竞争优势，将以较低的成本提供信贷并且高度重视关系型贷款的价值，市场利率的降低以及对私人信息生产的投入将有助于减少所有企业的信贷约束。赖斯（Rice，2010）以各州对外部银行开放度的差异作为银行业市场结构竞争度的工具变量，发现在银行业更具竞争性的州里，企业支付的贷款利率有更显著的下降，向银行贷款的可能性也增加。尽管在开放州里有更多企业使用银行贷款，但州内银行贷款总量并未增加，贷款的批准率和到期日也未变化。洛夫和佩里亚（Love & Peria，2012）使用53个发展中国家企业调查数据发现，银行业竞争提高了企业信贷可获得水平，且这种效应还取决于一国经济发展水平，较高的金融发展水平能显著减少低水平竞争所带来的负面效应。大型国有银行在掌握企业的"软信息"之后倾向于与企业保持长期合作，但是随着银行业竞争程度的升高，这种"亲密关系"将被打破，并且难以修复。因克拉等（Inklaar et al.，2015）的研究就表明，银行的市场垄断势力使其可以对贷款利率进行加成，而只有一定程度的加成才能使银行有动力搜集企业信息，进而对企业进行有效筛选和风险监控，最终促使企业技术进步，以及使更有效率的企业获得信贷。班亚和别克佩（Banya & Biekpe，2017）通过收集非洲地区数十个国家的数据进行实证分析得出，竞争的银行业市场环境下更有利于优化当地的资源配置实现企业成长。布拉吉昂等（Braggion et al.，2019）分析了1971年英国取消对银行业管制的影响，发现在银行业集中度更低的市场上，企业增加了信贷往来的银行数量，提升了自身的银行债务比重和总体杠杆率水平，更大程度地收缩了商业信用，增加了研发投入；这一效应在中小企业和R&D密集型企业更显著。艾比尼泽和马尼亚蒂（Ebenezer & Marniati，2021）在研究银行业竞争对企业成长时发现银行竞争对马来西亚的公司价值具有显著的正向影响。

2.3.2　国内文献综述

于良春和鞠源（1999）按照产业经济学的研究方法，运用SCP分析框架对我国银行业结构进行了开创性的研究，随后，越来越多的学者的研究兴趣便关注于此。随着我国金融体系和结构的不断改革与发展，学者们对于我国银行业结构的认识也随之发生着变化。孙天琦（2001）认为金融组织结构的不合理是影响我国金融业国际化发展的一个重要因素，建议形成"寡头主导，大、中、小共生"的金融组织结构，以提高我国金融业特别是银行业的国际竞争力水平。高玉泽（2003）运用产业组织理论发现，由于传统惯性、行业进入管制与较高的退出壁垒，我国银行业的市场结构具有较为明显的寡头垄断特征，国有产权占据绝对的垄断地位。李百吉（2008）利用我国 12 家商业银行 2003～2006 年的样本数据，运用 DEA 非参数计算方法和回归分析，发现我国银行业的经济效率和规模效率逐步提高，市场结构状况明显改良，竞争程度不断，四大国有银行的垄断地位逐渐削弱。贺小海和刘修岩（2008）认为随着我国银行业体系从"大一统"到"二元"再到多种金融机构并存发展，其市场结构也从典型的完全垄断到四大国有独资商业银行的高度垄断再到向竞争性较强的垄断竞争型转变。雷震和彭欢（2010）认为中国银行业市场结构总体呈现垄断竞争状态，占据主导地位的四大国有银行与非国有银行之间呈现垄断竞争状态，但四大国有银行之间的竞争环境具有较显著的完全竞争型市场结构特点，非国有银行之间的竞争也呈现出垄断竞争的状态。张芳和李龙（2012）通过计算中国银行业的市场份额，发现国有商业银行仍居于主要地位，中国银行业市场的集中度依然较高，仍是由四大国有商业银行控制着整个市场。徐文娜和张吉国（2017）发现我国银行业市场结构应优化，五大国有银行占据较大的市场份额。随着国民经济的发展以及商业银行的不断变革，我国银行业的市场结构也在不停地发生改变。通过各项指标的测定对我国银行业市场结构进行分析，得出我国银行业市场集中度在逐渐下降。

然而在研究银行业结构的同时，学者们往往更加关注银行业结构与银行绩效之间的相关性问题。赵旭等（2001）通过回归分析，运用直接测度的生产效率（即 DEA 效率）研究了我国银行业市场结构（集中度、市场份额）与绩效之间的关系，结果发现效率是影响银行绩效的重要决定因素，而市场集中度、市场份额与利润率负相关。王国红（2002）认为中国银行业的市场结构在金融抑制下严重阻碍着银行业绩效的提高。但是，他们的观点并没有得到所有学者的认同。李华民（2005）的分析证实了我国银行业保持较高的市场集中度具有现实合理性，国有商业银行不会真正参与由外部竞争带来的行业竞争，行业竞争的加剧反而会因为提高了行业经营成本而降低了行业利润率。李一鸣和薛峰（2008）基于我国 13 家商业银行的数据，实证分析得出，在一定的范围之内，当整个行业的聚拢程度更高时，其绩效将会更低。李继民和胡坚（2010）通过研究证实了我国银行业的市场结构与绩效水平是负相关的，同时还发现我国目前股份制性质的中小型银行在规模效益方面要优于国有性质的大银行。丁忠明和王海林（2016）建立了 Panzar-Rosse 模型，并运用我国商业银行数据，对 2005~2014 年我国银行业市场势力进行了衡量，在此基础上构建参数方程探究互联网金融对我国银行业市场竞争程度的影响。实证分析表明我国银行业市场的类型属于垄断竞争，并且竞争水平不断提高。千慧雄和安同良（2020）认为银行尤其是大型商业银行具有强大的市场势力，对实体企业客观上存在"掠夺性"；中国银行业市场竞争对企业技术创新具有促进作用，上述三个传导机制基本畅通；中国的银企关系以及企业技术创新行为存在显著的所有制差异。为推动银行业更好地服务实体经济和技术创新，要多措并举推动银行业市场竞争，疏通传导渠道。

近几年，银行业结构是否促进经济增长问题，引起学术界的广泛关注。如果金融结构、银行业结构与经济结构相匹配，将会有利于经济的发展和增长；反之，则会对经济的发展和增长起阻碍作用（林毅夫和姜烨，2006）。王红（2005）对中国银行业 1986~2003 年时间序列数据进行回归分析，结果表明，中国银行业较高的集中度对经济增长有负的影响，尽管这种影响并不明显。陈刚等（2008）以 1995~2006 年中国 29 个省级单位的经验数据为样本，采用差异 GMM 和系统 GMM 动态面板回归估计方法系统地检验了中国的银行集中度对经济增长及其 TFP 增长和资本积累两个组成部分的影响，得出主要结论为，中国当前较高的银行集中度阻碍了经济增长。贺小海和刘修岩（2008）运用我国 1987~2004 年 24 个省份的存款集中度、贷款集中度和不变价格人均 GDP 的自然对数值所构成的省级面板数据，以 1994 年为界将整个样本期分为两个子期，运用面板数据单位根检验、协整分析、面板数据误差纠正模型等计量方法，考察了始于 1994 年的银行商业化改革对银行业结构与经济增长可能存在的长期与短期因果关系的影响。结果表明，在 1987～1994 年，我国银行业结构与经济增长之间不存在任何方向的长期因果关系，但在 1995～2004 年开始形成双向长期因果关系，但并不具备显著的短期因果关系。林毅夫和孙希芳（2008）对银行业结构的研究，着眼于不同规模的银行在银行体系中的相对重要性，运用中国 28 个省（区、市）在 1985～2002 年的面板数据，通过双向固定效应模型的估计结果显示，在中国现阶段，中小金融机构市场份额的上升对经济增长具有显著的正向影响。冯尧等（2011）收集了我国 30 个省份在 1994～2006 年的相关数据，对银行业市场集中度与我国经济增长的关系进行实证检验，结果表明，我国中小银行所占银行业市场份额的提高有利于我国经济的增长。李嘉和李倩（2015）通过建立时间序列模型检验了我国的银行业市场结构与我国经济增长的历史关系，发现我国的银行业市场集中度与我国经济增长呈现出显著的负相关关系。张璇等（2019）认为银行业市场结构又是企业资金流动的缩影，与各类企业融资需求相匹配的银行业市场结构能够有效地缓解融资约束，促进经济增长。范瑞和王书华（2020）建立了包含异质性企业和银行的经济增长模型，采用 2005～2018 年的省级面板数据，使用系统 GMM 方法，验证了银行业市场结构对经济增长的影响，研究表明中小银行市场份额的提升能够有效促进中国经济增长。进一步研究表明，银行业市场结构调整促进经济增长的影响效应因经济发展阶段、禀赋和时间的不同而存在差异，高经济发展阶段、东部地区以及金融危机后的银行业市场结构调整能产生更大的经济增长效应。渐进式放宽银行业市场准入，鼓励东部地区和经济发达地区增加中小银行业数量和比重是调整银行业市场结构、促进经济增长的有效途径。

除了以上着眼于银行业结构对经济增长作用的研究外，学者们还关注经济增长对银行业结构的影响作用。林毅夫和姜烨（2006）首次使用中国 1985～2002 年的分省份面板数据，对影响中国银行业结构的各种因素进行了实证研究，研究发现，各省要素禀赋结构、发展战略以及经济结构的差异能够有效地解释各省银行业结构的差异，银行业行业结构指标随着时间的推移而不断下降，银行集中度从 1985 年的接近 90% 下降到 2002 年的 60% 左右，这意味着国有银行在整个金融体系中的地位受到削弱。贺小海和刘修岩（2008）利用 1987～2004 年的省级面板数据，发现我国各年度各省（区、市）的经济增长主要是通过扩大存款市场规模（银行市场规模和经济结构的转型与升级）对银行业结构产生影响，具体来讲，期初银行业结构、市场规模、市场需求成长率、经济增长、经济结构等因素对我国银行业结构的变迁与调整均有较为显著的不同程度的影响；规模经济水平、产品差异程度、进入壁垒等因素对我国银行业结构变迁与调整的影响不大；经济开放、政府干预等因素对我国银行业结构变迁与调整的影响不显著。彭宇文等（2013）通过采用存款集中度和贷款集中度刻画银行业市场结构，以与产业转移相关的广东省和湖南省为研究对象，利用 2001～2011 年的相关数据，研究了银行业市场结构与经济增长的关系。结果表明，整体上，存款集中度和贷款集中度与经济增长呈显著的负相关关系，但两省各地的经济发展存在空间依赖性和空间溢出效应，湖南省降低存贷款集中度能促进经济增长，而广东省适度提高存贷款集中度有利于经济持续增长。曾国安和马宇佳（2017）选取 2005～2014 年全国 31 个省（区、市）的面板数据，以直接融资比例和银行集中度作为衡量金融结构的指标，运用 GMM 方法分析了我国区域金融结构与经济增长之间的相关关系。结果表明，东部地区充分体现了直接融资比例越高、银行集中度越低，越能促进经济增长，在西部地区则不显著，在中部地区则反映出间接融资和高银行集中度的正面作用的现状，不过这主要是由中部地区和西部地区直接融资和中小金融机构发展过慢所引起的。齐浩志（2018）研究发现，当某地区的经济发展阶段很低时，银行业结构中，小银行资产规模占比的提升会在很大程度上抑制经济增长。当地区的经济发展阶段较高时，小银行资产规模占比的提升也会抑制经济增长，且抑制程度要明显强很多。李泉等（2020）发现在宏观经济不景气，面临持续下行压力的背景下，优质资产减少，会导致银行业同质化竞争加剧。

2.4　银行业市场结构对货币政策传导机制
　　　影响的文献综述

2.4.1　国外文献综述

近几年，货币政策传导机制的研究视角进一步扩展，有关银行部门的产业组织理论也被纳入"信贷观"的研究中（Robert Lensink & Elmer Sterken，2002）。卡什亚普和斯坦（Kashyap & Stein，1997）和切凯蒂（Cecchetti，1999）指出银行业市场集中度和银行体系的健康发展是货币政策传导机制发挥作用的重要因素。利奥·德·哈恩（Leo De Haan，2003）也认同银行在货币政策传导中的特殊作用，指出由于有些银行更有能力通过非存款资金缓冲流动资产，所以不同的银行对货币政策的反应是不一样的，银行在货币政策传导中的作用不能一概而论，不同的银行在货币政策传导过程中扮演着不同的角色。

既有文献中多关注银行特征（如银行规模、流动性、资本充足率等）对货币政策传导的反应程度。学者们的研究选取不同的样本数据，侧重不同的研究视角，所以得出的结论也不尽相同。总体来说，目前的研究都集中于实证研究，考察由于银行规模、流动性和资本充足率的差异所带来的不同货币政策传导反应。卡什亚普和斯坦（Kashyap & Stein，1995）首次实证检验了银行大小对货币政策的不同反应，结果显示小银行比起大银行更容易受到紧缩性货币政策的冲击，原因在于小银行往往存在着严重的信息不对称问题，并且难以获得非存款外部融资。卡什亚普和斯坦（Kashyap & Stein，2000）通过选取 1976～1993 年美国所有投保商业银行的季度数据，研究发现资产负债表缺乏流动性的银行受货币政策的冲击更强烈，而这一现象也归因于较小的银行规模。卡斯（Kakes，2000）的研究关注于不同的银行性质对货币政策信贷传导渠道的影响，他们通过选取六种不同的银行类型，运用截面实证方法，发现大银行具有相对少的流动性资产，因此可以规避紧缩性货币政策的风险，而小银行具有相对多的流动性资产，在紧缩性货币政策条件下，不得不减少他们的贷款组合。尼古拉·塞托雷里和琳达·戈德伯格（Nicola Cetorelli & Linda S. Goldberg，2008）选取美国1980~2005年的季度数据，研究表明银行业的国际化发展能够加深货币政策信贷渠道的传导影响，具有国际业务的大银行能够依靠国内资本市场和国外分支机构平滑国内的流动性冲击。但是小银行更容易受到紧缩性货币政策冲击的结论并没有得到所有学者的认可，更多的学者研究发现银行规模并不一定是银行影响货币政策传导效果的决定性因素，流动性和资本充足率约束同样起着重要的作用。莱昂纳多·甘巴科塔（Leonardo Gambacorta，2001）认为银行的规模大小对货币政策的传导不会存在显著差别，他们运用意大利1986~1998的面板数据考察了货币政策传导机制中的银行信贷渠道，研究结果表明，由于关系型融资的存在，即使在货币政策紧缩时期，小银行仍然存在借贷的积极性，这样增加了小银行资金的流动性，同时也缓解了紧缩性货币政策对小银行信贷的影响。同时，文章还指出流动性是削弱紧缩性货币政策对信贷控制的最重要的因素。米夏尔·埃尔曼等（Michael Ehrmann et al.，2001）以法国、德国、意大利和西班牙为欧洲代表，研究发现银行信贷渠道在紧缩性货币政策传导中发挥着重要的作用。运用银行数据，采用面板计量分析方法，发现与银行大小和资本充足率相比，流动性在货币政策传导中起着最关键的作用，流动性较差的银行对货币政策的反应更强烈，虽然这个结论不适用于所有样本国家。另外，通过欧洲与美国的比较，发现银行业结构的不同对货币政策传导的效果也不同。利奥·德·哈恩（Leo De Haan，2003）指出，在货币政策紧缩的条件下，无担保贷款对于规模小、流动性差和资金不充足的银行危害更大，因为他们很难通过信贷组合来缓解紧缩性货币政策带给他们的流动性约束。莱昂纳多·甘巴科塔（Leonardo Gambacorta，2005）用意大利银行1986~2001年的数据考察了银行传导货币政策的异质性，资本充足率低的银行受货币政策的冲击最严重，流动性是个重要的决定因素，但是由于关系型融资的存在，使得银行规模受货币政策冲击的影响不显著。熏·细野（Kaoru Hosono，2006）指出，对于规模更小、流动性较差和资金更充裕的银行来说，货币政策信贷传导更有效。英娜·戈洛德纽克（Inna Golodniuk，2005）以资产规模、资本充足率和流动性对银行进行分类，选取 1998～2003 年银行资产负债表的面板数据，结果表明资本充足率低的银行更容易受到货币政策的冲击，货币政策会影响商业银行的存款从而改变贷款规模，最终对投资等最终经济变量产生影响。罗曼·马图斯克和尼古拉斯·萨兰蒂斯（Roman Matousek & Nicholas Sarantis，2009）实证检验 1994～2003 年中东欧八国银行信贷渠道的作用，发现银行规模和流动性在货币政策传导中发挥着更大的作用。贡吉和袁（Gunji & Yuan，2010）利用银行层面的数据考察了 1985～2007 年货币政策对银行放贷的影响是否取决于中国银行的特点。结果发现，对于大规模的银行，以及流动性水平比较薄弱的银行，货币政策对贷款的影响会被削弱，而且银行对货币政策的反应不一定因其资本而异。茱莉卡拉等（Juurikkala et al.，2011）对俄罗斯 1999～2007 年的季度数据进行面板回归，结论是紧缩性的货币政策下银行会减少信贷供给，资本不足的银行反应大于资本充足的银行。马泽里斯（Mazelis，2014）将影子银行加入了传统的 DSGE 分析框架中，研究了其对货币政策之信贷渠道传导的影响。结果表明，随着影子银行规模的不断扩张，货币政策信贷渠道传导的作用效应却大大减弱。梅拉尔（Meral，2015）研究了银行贷款的渠道。在土耳其存在银行贷款渠道，资本不足的银行相对资本充足的银行对货币政策的变化反应更大。姆比（Mumbi，2018）利用银行层面的面板数据，研究发现规模较大的银行、具有更多市场力量的银行、资本充足的银行和流动性银行对货币政策紧缩的反应较小。

最新的研究更加尝试从理论角度对银行业市场结构与货币政策传导进行直接研究，然而，大规模的研究还未出现。波尔顿和芙蕾莎斯（Bolton & Freixas，2006）通过构建包含银行贷款和证券市场的一般均衡模型，发现银行贷款受到资本充足率的制约，并且信息不对称会增加外部银行股权资产成本，因此，无论是否改变银行的流动性，货币政策通过银行信贷的传导都会无效，然而公司债的出现却有利于货币政策信贷渠道的传导。亚当·埃尔本和雅克布·德·哈恩（Adam Elbourne & Jakob de Haan，2006）运用结构向量自回归模型，考察了中东欧的十个新兴欧盟成员国，发现金融结构与货币政策信贷传导渠道的联系不紧密。安吉利·巴格利奥尼（Angelo Baglioni，2007）的研究侧重于考察由于市场结构和银行资本充足率的不同，货币政策在银行信贷市场中传导的作用效果。通过异质性代理方法的研究，得到以下结论：（1）不同的银行业市场结构，对货币政策传导的作用效果也不同，在垄断竞争的市场结构下，由于各个银行间战略互补，表现出"乘数效应"（multiplier effect），有利于货币政策的传导，而在寡头垄断的市场结构下，由于各个银行间战略替代，会扭曲中央银行货币政策调控意图，削弱货币政策传导效果；（2）在货币政策冲击下，资本充足的银行能够及时对货币政策的改变作出反应，因此，资本充足的银行更有利于货币政策的顺利传导。除此之外，还有学者从银行业市场集中度、竞争与货币政策传导等方面开展研究。弘·贡吉等（Hiroshi Gunji et al.，2009）运用两种方法对货币政策冲击与银行业竞争的关系进行检验，得出的结论为：（1）运用脉冲响应函数和Panzar & Rosse 模型的 H 统计量的检验结果不能为货币政策冲击与银行业竞争的相关性提供证据；（2）运用分类数据的回归分析得出银行业竞争可以减弱货币政策对银行业冲击的结论。奥利弗罗等（Olivero et al.，2011）提出了敏感性效应和转移成本效应，认为在银行越集中的市场，对于投入成本调整的反应进行贷款价格调整反而越不充分，相应地极大弱化了对货币政策冲击的反应。维拉和哈桑（Viral & Hassan，2012）研究认为，银行竞争度的提高会诱发银行贷款决策的"飞向风险"效应，竞争激励银行通过影子银行等渠道规避货币政策的调控，从而弱化货币政策的信贷渠道。阿米杜和沃尔夫（Amidu & Wolfe，2013）利用55 个国家（地区）的 978 家银行面板数据作检验，结果发现竞争程度过高会降低信贷政策的传导效率。方格科玛等（Fungacova et al.，2014）研究发现定价能力强、拥有较为广泛可贷资金来源能力的银行能抵御货币政策冲击的效果，但竞争程度增加会弱化可贷资金的开源能力，从而提高此类银行信贷受货币政策冲击的敏感程度。莱罗伊（Leroy，2014）采用欧元区国家的大型银行面板数据，并将勒纳指数作为衡量银行竞争的指标展开研究，结果显示竞争加剧会通过提高贷款利率对货币冲击的敏感程度来强化货币政策的信贷渠道传导的有效性。奈尔森等（Nelson et al.，2015）运用传统的矢量自回归（VAR）模型对影子银行和商业银行的资产状况与货币政策冲击之间的相关性进行了实证分析，发现政策冲击对银行业整体资产变化影响不大。莱玛（Lemma，2016）指出，影子银行业务有利于实现货币市场均衡，从而提高了货币政策实施的有效性。加布里埃利等（Gabrieli et al.，2018）运用了 VECM 模型实证分析了影子银行体系与中国货币政策实施间的关系，分析发现影子银行市场业务的发展，提高了贷款的独立性，使其脱离了中国人民银行的政策管控。姆比（Mumbi，2018）利用银行层面的面板数据，研究发现规模较大的银行、具有更多市场力量的银行、资本充足的银行和流动性银行对货币政策紧缩的反应较小。扬吉尔·吉米等（Youngiu Kim et al.，2020）使用勒纳指数作为银行业竞争的衡量标准，并发现当银行业更具竞争力时，货币政策传导更强。文森·姚（Vincent Yao，2022）研究了金融科技贷款的兴起引起的市场集中度变化，进而影响货币政策传导效果。

2.4.2　国内文献综述

货币传导机制与金融结构密切相关，金融机构在货币政策传导过程中起"中介"作用，同时也决定了货币政策的机构传导途径和渠道，我国以银行系统为主体的金融结构决定了我国的货币传导机制应该是以信贷传导机制为主，商业银行部门的竞争程度、商业银行信贷的被替代程度和商业银行资金来源渠道的多样性影响着货币政策传导（蔡跃洲和郭梅军，2004；周孟亮和李明贤，2007）。目前，国内关于银行业结构与货币政策传导的研究还比较少见，最具代表性的当属钱雪松的研究。钱雪松（2008）通过借鉴波尔顿和芙蕾莎斯（Bolton & Freixas，2006）的模型，构造了一个资本市场的一般均衡模型，发现如果银行业由几家银行垄断，银行信贷对货币政策的反应不连续，因此指出银行业垄断结构、公司债市场不发达是我国货币政策效果不明显的原因。除此之外，相关研究多以实证研究为主，且集中于金融结构与货币政策的传导。

樊明太（2004）根据金融结构的变迁采用结构分割点方法，在考察中国金融结构转型中货币政策机制的基础上（包括货币政策的工具、效率前沿和规则及相应的货币传导机制变迁轨迹），实证检验了金融结构变迁对货币政策的适用工具、反应函数、利率机制的影响，得出的结论可以概括为：金融结构变迁深刻地影响着货币传导机制的性质和作用程度。胡振华和胡绪红（2007）从我国中部六省的金融结构差异入手，运用 VAR 模型，研究表明由于各省金融结构和资本市场的完善程度有差异，导致了货币政策的区域效应。唐雷和赵卫东（2008）通过对货币供应量、货款余额、固定资产投资等建立向量自回归模型、脉冲响应模型、方差分析模型、协整关系检验与向量误差修正模型等，证实了我国以银行为主体的金融结构决定了货币政策传导应以信贷传导为主要渠道。许小苍（2009）通过选取 14 家中国商业银行 1995～2007 年的面板数据，运用 VAR 模型和广义矩估计方法，研究了具有不同银行规模、流动性及资本的银行对货币政策冲击的反应，发现银行个体规模越小、流动性越高，则银行信贷供给行为越能够吸收政策引致的货币冲击，货币政策的效力越弱，而资本充足程度并没有对货币政策传导产生显著影响。同时还发现，银行业越集中（通过兼并和收购），货币政策的效果（通过公开市场操作）越差。刘洋（2011）利用 VAR 模型选取 1992～2010 年经济数据进行实证检验，认为随着我国商业银行市场结构集中度的不断下降，我国货币政策传导效果逐渐变好。徐明东和陈学彬（2011）认为，规模特征是影响银行信贷对货币政策异质性反应的最重要因素，且规模越大的银行对货币政策变动的反应越不敏感。刘涛雄和王伟（2013）认为，在商业银行对中小企业贷款充足时，货币政策与信贷市场、信贷市场与实体经济的相关性更强，货币政策的信贷传导渠道更加畅通。罗贵发（2014）采用时间序列分析方法并进行协整分析得出，不同银行结构下，货币政策的效果不同，银行垄断程度越低，货币政策效果越好；银行垄断程度越高，货币政策效果越差。董华平和干杏娣（2015）在构建银行业结构的古诺模型的基础上，选取了共 122 家银行从 2000～2012 年的非平衡面板数据，并运用了个体固定效应进行实证分析得出，竞争性的银行业结构有利于改善货币政策银行贷款渠道的传导效率。陈雄兵（2017）借助 2003～2014 年 102 家商业银行的面板数据和固定效应模型发现，竞争通过银行信贷渠道强化了货币政策的传导机制，而且这种强化关系在小规模、高资本和高流动性的银行中表现得更明显。刘莉亚和徐晶晶（2018）选择 2004～2014 年共 11 年的中国银行业数据进行分析，发现银行竞争度越强或银行垄断性越弱，银行缓冲货币政策冲击的能力就越弱，货币政策银行信贷渠道的效果就越强。战明华和李欢（2018）发现，数字化时代的金融创新催生了影子银行发展，影子银行的出现削弱了货币政策传导效果。李双建和田国强（2020）通过构建能够刻画银行竞争强度变化和货币政策调整情形的四阶段动态博弈模型，使用 2007～2017 年我国 151 家商业银行非平衡面板数据，对理论结果进行实证检验，研究发现不同银行主体间其风险承担对货币政策的敏感性存在异质性，银行竞争加剧会与货币政策相叠加，放大货币政策对银行风险承担的影响。庄毓敏和张祎（2021）将流动性覆盖率监管要求纳入传统的 Monti-Klein 模型，采用我国 65 家商业银行 2015～2019 年半年度面板数据对理论假设进行实证检验，发现随着商业银行资本充足率的提高，货币政策传导效率将会受到阻碍且商业银行囤积流动性资产也不利于货币政策的有效传导。

2.5　本章文献述评

通过对货币政策传导机制的历史发展、货币政策传导机制信贷渠道及银行信贷渠道、银行业市场结构和银行业市场结构对货币政策传导机制影响等各方面文献的回顾与梳理，发现既有文献对相关理论的体系构成作出了突出的贡献，在奠定了坚实的理论基础的同时，也不断推动着理论研究向前深入发展。但是，本书在总结归纳文献的过程中，也发现了现有文献中存在的一些问题和不足，得到了一些启发，为本书的研究指明了方向。

首先，关于货币政策信贷渠道的理论，已经得到众多学者的普遍认同，并成为当今信贷渠道相关研究最重要的理论基础和核心。特别是关于信贷渠道存在性的问题，无论是从理论角度还是从实证角度都已经在世界很多国家得到了证实。但是，世界各国间信贷渠道传导的效果还是存在着一定的差异性，探究导致信贷渠道传导效果差异原因的研究还不多见。并且，各国的政治经济体制和金融体系不尽相同，运用相同的方法和思路研究所有国家的货币政策传导问题，结论的可信性难免值得怀疑。因此，各国货币政策传导机制的研究，最好能够紧密结合本国实际经济体制，这为本书的研究提供了一种思路。

其次，国内相关研究已经达到一定规模，但是还存在着一些不足：对于货币政策信贷传导渠道的研究来说，机械地照搬国外研究方法，套入中国的数据，研究方法的严谨性和创新性值得商榷，研究结论也存在着争议；对于银行业市场结构的研究来说，虽然不仅仅局限于运用产业组织理论进行研究，也开始关注银行业市场结构与经济发展之间的关系，但是仍然缺乏适用于我国特有银行业市场结构的理论模型分析基础；对于银行业市场结构对货币政策传导机制影响的研究，国内学者的关注甚少，现有的研究多集中于金融结构与货币政策的传导，而未能对银行业市场结构与货币政策传导的研究引起足够重视，即使在现有的关于银行业市场结构与货币政策传导的研究中，也未能真正抓住该问题的理论精髓，只是象征性地借鉴信贷渠道的研究方法来研究银行业市场结构与货币政策传导的问题，未能做到"名副其实"。

最后，将产业组织理论融入货币政策传导机制的研究中，是近几年出现的一个新趋势，国外学者的研究已经具有一定的理论研究基础，但是实证检验还相对较少，衡量市场结构的指标如市场集中度、竞争等的选取还存在难度和争议，研究尚处于探索阶段，而国内的相关研究更是少见，这就为本书的研究提供了契机。我国现在尚处于经济转轨时期，2009年暴发的金融危机又给我国经济发展和金融体系带来了不小的挑战，货币政策的作用再一次受到考验。因此，从我国经济实际出发，特别关注我国特有的银行业市场结构在货币政策传导中的作用，是一个亟待解决的问题。

第 3 章

我国银行业市场结构与货币政策
传导机制现状分析

本章分别对我国货币政策传导机制和银行业市场结构进行了历史回顾和现状描述，并从银行信贷渠道视角发现当前我国货币政策传导机制中存在的问题，探究导致问题出现的深层次原因，以期在理论与实证分析之前对我国银行业市场结构和货币政策传导机制建立正确的认识，使本书的研究尽量做到来源于现实而又高于现实。

3.1　货币政策传导机制历史与现状

改革开放前，我国实行高度集中统一计划经济下的金融体制，中国人民银行既是国家的金融管理机构，又是金融业务机构。在这种背景下，货币政策的制定和实施更是无从谈起。1984 年中国人民银行专职行使中央银行职能的体制正式确立，我国货币政策逐步走上历史舞台。从 1984 年至今，货币政策随着宏观经济和国际经济形势的变化，不断进行着与时俱进的调整，大体可以概括分为以下几个阶段。

第一阶段是 1984～1993 年，以直接调控的货币政策为主要形式。1984年，随着中国人民银行正式确立专职行使中央银行职能，存款准备金制度也同时建立，货币政策传导渠道开始呈现出多元化格局，货币政策工具不仅有传统的信贷计划和现金计划，还有利率和存款准备金等。在这一阶段，根据经济形势的发展，货币政策屡次收紧又屡次放松。

第二阶段是 1994～1997 年，以直接调控为主、间接调控为辅的货币政策。1994 年初，实行汇率并轨，建立了全国统一的外汇市场；1995 年"中央银行法"诞生；1996 年初建成全国统一的同业拆借市场；1997 年开始对商业银行总行开办再贴现窗口。以上诸多大事件的发生，都积极肯定了货币政策在宏观经济调控中的重要性，有效扩宽了货币政策传导机制渠道，提高了货币政策有效性。这一时期货币政策调控的主要目的是治理通货膨胀，因此中国人民银行持续采取适度从紧的货币政策，货币政策工具主要为信贷计划，其次是利率工具，存款准备金率在这一时期几乎不被采用。

第三阶段是 1998～2002 年，以间接调控为主的货币政策。从 1998 年初开始，我国中央银行正式取消了对国有商业银行的贷款规模控制，实行资产负债比例管理和风险管理，标志着货币政策调控由直接转为间接。这是我国货币政策调控机制的一场决定性革命，为货币政策中介目标由传统的贷款规模控制转向货币供应量控制以及实施数量型为主的间接调控奠定了基础。由此，我国初步建立了"货币政策工具—中介目标—最终目标"的货币政策间接传导机制和"中央银行—各金融机构及金融市场—企业和居民—国民收入"的间接传导体系。在 1998～2002 年，我国货币政策通过货币渠道和信用渠道相对独立共同传导，主要政策调控工具是利率、中央银行再贷款、公开市场操作，辅助工具是存款准备金、再贴现、指导性信贷计划等，强化对货币供应量的调节。

在 1998～2002 年，我国出现内需不足，再加上深受东南亚金融危机的影响，物价持续下跌，出现通货紧缩的局面。鉴于此，中央银行实行稳健的货币政策，1998 年、1999 年、2002 年连续 5 次降息，使存款平均利率累计下调 5.98%，贷款平均利率累计下调 6.97%。1998 年 3 月 21 日，中央银行更是自 1985 年金融体系改革以来首次下调存款准备金率，下调的幅度更是达到了罕见的 5 个百分点。1999 年 11 月 21 日，中央银行再次将准备金率由

8% 下调至 6%，以增加银行体系可贷资金规模，最终促使我国宏观经济在 2000 年时逐步开始走出通货紧缩的阴影。

第四阶段是 2003～2006 年，间接调控政策的确立（深化发展）阶段。从 2003 年开始，我国经济出现过热倾向。针对这种情况，货币政策仍然保持"稳健"的基调，但是内涵已逐步转变为适度从紧。中央银行频频出台政策对经济进行调控，提高存款准备金率，发挥利率杠杆作用，引导投资和货币信贷合理增长，灵活开展公开市场操作，调节银行体系流动性。2004 年 1 月 1 日再次扩大贷款利率浮动区间，将商业银行、城市信用社的贷款利率浮动区间上限扩大到贷款基准利率的 1.7 倍。2004 年 4 月 25 日，中国人民银行开始实行差别存款准备金率制度。2005 年 7 月 21 日，我国开始实行以市场供求为基础、参考一篮子货币进行调节、有管理的浮动汇率制度。2006 年经济继续过热增长，出现通货膨胀势头。中央银行重点通过市场化手段加强总量控制和结构调整，以此加大货币政策调控力度。2006 年连续三次上调存款准备金率、七次上调金融机构人民币存贷款基准利率。

第五阶段是 2007 年至 2008 年 8 月，间接调控政策进一步深化阶段。2007 年，我国经济增长速度偏快的趋势有所加剧，这迫使我国货币政策已实施十年之久的稳健内涵悄然发生改变，货币政策从"稳健"到"稳中适度从紧"，再从"适度从紧"到"从紧"。2007 年是政策工具运用最频繁的一年，中央银行连续十次提高存款准备金率，最终达到 14.5%，使一向被视为货币政策"猛药"的存款准备金率频繁上调已渐成常态。同时连续六次上调金融机构人民币存贷款基准利率。除此之外，中国人民银行搭配运用公开市场操作，继续加强对商业银行的"窗口指导"和信贷政策引导，使各种货币政策工具组合出击。直至 2008 年上半年，货币政策操作的主要着眼点始终是控制国内通货膨胀压力和解决流动性过剩，引导货币信贷合理增长，维护总量平衡。

第六阶段是 2008 年 9 月至 2011 年，间接调控政策运用熟练阶段。2007 年下半年起，我国经济增长出现下滑态势，2008 年受美国暴发的金融危机影响，经济陷入衰退之中。从 2008 年 9 月起，我国货币政策出现方向性大转折，由"从紧"转变为"适度宽松"。此时的货币政策不仅是保增长、促就业的需要，同时也是维护金融体系稳定，参与全球主要中央银行危机管制的协调政策行动的一部分。从 2008 年 9 月 15 日起，中国人民银行开始了六年以来的首次降息。10 月 8 日之后，又连续四次降息，1 年期贷款基准利率累计下调 198 个基点，从年初的 7.47% 降至 5.31%，活期存款利率也由 0.72% 降至 0.36%。2008 年 9 月以来，中国人民银行总共四次下调存款准备金率，其中大型金融机构累计下调 2 个百分点至 15.5%，中小型金融机构则下调了 3 个百分点至 14.5%。2009 年，我国继续保持"适度宽松"的货币政策，增加货币和信贷投放总量，2009 年新增贷款创下了历史天量，货币政策适时作出反应，呈现出"动态微调"的趋势。

第七阶段是 2012～2019 年，走向稳健中性的调控。2012 年，全球经济稳中回升，然而，欧债危机的暴发将世界经济逼向新的发展困境，同时也对我国经济建设造成了不利影响。对此，我国推行了"稳增长"宏观调控政策，适当放宽货币限制，再度先后多次下调存贷款基准利率和存款准备金率。2013 年，在宽松货币政策的调控下，我国房价一路高走，地方政府债务过度扩张，加剧了金融体系的不稳定性。基于此，中国人民银行通过公开市场操作实行稳健中性的货币政策。2013～2015 年，我国进入中高速增长的新常态发展阶段，与此同时美联储加息和"811"汇改，资本流出压力加大，为保持经济增长，我国实行稳健略宽松的货币政策。2016～2018 年，这一时期货币政策是稳健中性的，为了促进资金向实体经济流动，我国着手推进以"去杠杆""防风险"为主的宏观调控政策，上调了政策性利率，扩大了基础货币投放规模。2019 年国内经济下行压力加大，同时中美贸易摩擦加剧，我国货币政策重回稳健略宽松。

第八阶段是 2020 年至今，灵活适度的稳健货币政策。2020 年，新冠疫情暴发，我国综合运用多种货币政策调控工具，尤其是新型货币政策工具，以最大限度地降低疫情对我国实体经济的负向冲击，尽快让经济回归正轨。在整个新冠疫情期间，中国人民银行为了优化金融市场流动性结构，先后投放了近 4 万亿元的长期流动资金，持续下调存贷款利率，同时还基于 LPR 传导机制，促进中小企业积极贷款，降低其融资成本。此外，中国人民银行还运用了普惠小微企业信用贷款支持计划以及贷款延期支持等结构性货币政策工具，解决中小企业融资难困境，提高金融对实体经济的扶持力度。

3.2　银行业市场结构历史与现状

随着我国经济体制渐进式的改革发展，我国银行业也经历着曲折历程，由最初的"大一统"银行格局逐步发展成为以中央银行为核心，大型国有银行为主体，政策性银行、股份制银行、城市商业银行、民营银行、外资银行为重要补充的相对完整的多层次银行体系。我国银行体系在改革发展中形成了独特的变迁轨迹，具有明显的阶段性特征。

第一阶段是 1948～1952 年，我国初步形成了统一有序的银行结构。1948 年设立中国人民银行。中国人民银行的成立是新中国银行结构形成的标志，中国人民银行在全国统一发行人民币。1949 年中华人民共和国成立，废除官僚资本主义银行，取缔在华外商银行。政府通过合并解放区银行，使解放区的银行先后并入中国人民银行并成为其在各地的分支机构，没收官僚资本银行，改造私营银行与钱庄，在广大的农村地区建立农村信用社，初步建立了新中国统一有序的银行体系结构。

1949～1952 年中国银行成为我国外汇专业银行，后来并入中国人民银行。1952 年开始对专业银行、公私合营银行和私营银行实行社会主义改造，建立与计划经济相适应的大一统金融体制，中国的金融体系只有中国人民银行，既是经营性机构，也是监管机构。其间，中国银行、中国建设银行、中国农业银行经历了设立、撤销或被合并。到 1952 年底，新中国银行业结构已具雏形，它是以中国人民银行为核心，以众多农村信用合作社为辅的统一、有序的银行结构。

第二阶段是 1953～1978 年，我国形成了"大一统"的银行结构。自1953 年起，我国银行结构按照苏联模式进行革命性的改造，公私合营的银行全部并入中国人民银行，仅存的少数几家专业银行或并入中国人民银行，或成为中国人民银行办理某一特殊业务的部门。1955年和1963年，曾两度成立中国农业银行，但都因不符合高度集中的计划经济体制要求而重新并入中国人民银行；中国银行只是隶属于中国人民银行专营国际业务的一个部门；1954年成立的中国建设银行也并不是真正意义上的银行，它只是财政部办理基本建设拨款业务的机构；农村信用社也没有成为真正银行的资金实力和业务支持。1955年以后，全国基本上只有中国人民银行一家银行办理各项银行业务，其分支机构遍布全国，统揽一切信用业务，从而形成了一个高度集中统一、以行政管理为主的、单一的国家银行体系结构，即"大一统"的银行结构。这种"大一统"的格局一直延续到改革开放前。

第三阶段是1979~1985年，我国银行业集中度极高，意味着规模最大的四家银行的市场份额占该行业总份额的80%以上。1978年我国实行改革开放政策，金融业也随之进行全面改革和深入发展，"大一统"的银行结构开始出现松动，但银行仍是按企业生产计划供应资金的机构。改革开放初期，四大国有专业银行相继成立：1979年1月，中国农业银行恢复；1979年3月，中国银行从中国人民银行中分设出来；1983年5月，中国人民建设银行（现中国建设银行）从财政部分离；1983年9月，国务院发布了《关于中国人民银行专门行使中央银行职能的决定》，中国人民银行停止办理工商信贷和城镇储蓄业务，中国人民银行正式成为国家统一管理金融的机构，中国人民银行开始专门行使中央银行职能；1984年1月中国工商银行成立。四大国家专业银行较为严格的专业分工使其在各自的业务范围内处于垄断地位，我国以这四大国家专业银行为主体的银行结构体系基本形成。

第四阶段是1986~1992年，我国银行业集中度较高，意味着规模最大的几家银行的市场份额占该行业总份额的50%以上。1986年，重新组建的交通银行成立，它是我国第一家全国性股份制商业银行，也是我国第一家能够经营一切银行业务的综合性商业银行。它的出现打破了我国银行业中单一的国家所有制形式，对我国市场化银行体系的建立具有里程碑的意义。随后，大批全国性或区域性的股份制银行陆续成立：1987年中信实业银行

（现中信银行）、招商银行和深圳发展银行相继成立；1988 年福建兴业银行（现兴业银行）、广东发展银行相继成立。招商局集团、中信集团、首钢集团、光大集团四家国有企业开办了招商银行（1987 年）、中信实业银行（1987 年）、华夏银行（1992 年）、中国光大银行（1992 年），打破了银行只能由政府创办的局面。设立城市信用社、农村信用社，以及开始（农）行（信用）社脱钩改革。1994 年，我国成立了国家开发银行、中国农业发展银行和中国进出口银行三家政策性银行，负责承办政策性金融业务。1994 年底，合并原有的大量城市信用社改组为城市商业银行。1996 年 1 月，全国第一家民营股份制商业银行——民生银行成立。1999 年，成立了信达资产管理公司、长城资产管理公司、东方资产管理公司和华融资产管理公司四家资产管理公司。尽管如此，四大国家专业银行仍然在银行业中处于高度垄断地位。然而，这些机构的成立都有助于我国银行业市场结构多元化的初步形成。国有银行业开始探索企业化经营，但银行经营管理仍有很强的"计划性"。除此以外，这一时期的银行（含分支机构）也有很强的"市场性"。

特别需要指出的是，1985 年我国从"差额包干"的信贷管理体制转向实行"统一计划、划分资金，实贷实存、相互调剂、有偿使用"信贷管理体制（通常简称为"实贷实存"）。宏观调控机制在探索中前进，区域性同业拆借市场纷纷涌现，这为后来的全国性统一的同业拆借市场建立奠定了基础。

第五阶段是 1993 ~ 1995 年，1993 年 11 月召开中国共产党十四届三中全会，通过了《中共中央关于建立社会主义市场经济体制若干问题的决定》，这标志着我国正式建立社会主义市场经济体制，要求转换国有企业经营机制，建立现代企业制度。1993 年 12 月 25 日，国务院发布《国务院关于金融体制改革的决定》及其他文件，提出深化金融改革，将工、农、中、建由专业银行转变成国有商业银行。为此，设立政策性银行，并从四大行中剥离了政策性业务。1994 年国家开发银行和中国农业发展银行成立，1995 年 4 月设立中国进出口银行。1995 年 5 月 10 日颁布《中华人民共和国商业银行法》，标志着我国银行业进入一个全新的发展时期。对银行长期实行的计划管理，特别是规模管理成为历史。

第六阶段是 1996～2000 年，这一时期，中国银行业监管体制和国有银行股份制改造取得重大成就，为银行体系稳健、可持续发展奠定了坚实的基础。1996 年，为了实现农业银行的商业化转型以及强化农信社的合作属性，农信社正式与农业银行脱钩，转而成为作为独立法人经营的金融机构，由人民银行直接承担对其监督管理的职能。

第七阶段是 2000～2010 年，我国形成垄断竞争的多元化银行体系结构。2001 年 11 月我国加入 WTO，这意味着在五年过渡期结束后我国将全面开放银行业。2002 年 2 月，党中央提出将具备条件的国有独资商业银行改组为国家控股的股份制商业银行，2003 年底，中国银行和中国建设银行成为改制试点，随后中国工商银行也完成了改制和上市工作，中国农业银行于 2010 年 7 月分别在上海、香港成功上市。多家股份制商业银行也积极加强公司治理建设，如中信银行、华夏银行、上海浦东发展银行、南京银行、北京银行都已成功上市。特别值得关注的是，外资银行进入的步伐明显加快，为我国银行业的发展带来了机遇和挑战，我国银行业竞争进一步加强。另外，大力发展民营银行，相继建立了中国民生银行（1996 年）、恒丰银行（2003 年）、浙商银行（2004 年）、渤海银行（2005 年）四家民营股份制商业银行。2006 年 12 月 11 日，根据我国加入 WTO 承诺，人民币业务全面对外开放。2006 年底，渣打银行、汇丰银行、东亚银行、花旗银行、新加坡星展银行等九家外资银行首批获准在我国境内分行改制筹建为法人银行。2007 年 4 月，汇丰、东亚、渣打、花旗 4 家外资法人银行正式开业，标志着中外资银行同台竞争的序幕正式拉开。

第八阶段是 2011 年至今，我国银行资产规模快速增长，银行业抓住美国次贷危机的机遇实现弯道超车。我国银行业资产规模迅速扩张。工、农、中、建四家大型商业银行在全球银行 100 强中排名不断攀升。2018 年、2019 年资产规模和资本实力位列全球银行前四强。互联网银行兴起，成为新生力量。2014 年批准设立微众银行、2016 年设立浙江网商银行和四川新网银行三家互联网银行，中国的互联网银行正式登上历史舞台，也意味着我国银行业市场结构进一步得到优化。2018 年 3 月 13 日，国务院关于提请第十三届全国人民代表大会第一次会议审议国务院机构改革的议案表示，将中国银行业监督管理委员会和中国保险监督管理委员会的职责整合，组建中国银行保险监督管理委员会。2023 年 5 月 18 日，国家金融监督管理总局正式挂牌成立，这是中国金融改革的重要举措，标志着中国金融监管体系进一步完善。

截至 2021 年，我国银行业金融机构包括开发性金融机构 1 家，住房储蓄银行 1 家，政策性银行 2 家，大型商业银行 6 家，股份制商业银行 12 家，城市商业银行 128 家，农村商业银行 1596 家，农村合作银行 23 家，农村信用社 577 家，金融资产管理公司 5 家，外资法人金融机构 41 家，信托公司 68 家，企业集团财务公司 255 家，金融租赁公司 71 家，货币经纪公司 6 家，汽车金融公司 25 家，村镇银行 1651 家，贷款公司 13 家，农村资金互助社 39 家，民营银行 19 家，消费金融公司 30 家以及其他金融机构 33 家。我国银行业金融机构共有法人机构 4602 家，营业网点 22.36 万个，从业人员 479.89 万人。银行业金融机构资产总额 344.76 万亿元，比 2020 年增加 25.01 万亿元，增长 7.8%；负债总额 315.28 万亿元，比 2020 年增加 22.26 万亿元，增长 7.6%；所有者权益 29.48 万亿元，比 2020 年增加 2.75 万亿元，增长 10.2%。五家大型商业银行总资产达到 132.88 万亿元，比 2020 年增长 7.4%。①

3.3　银行业市场结构的国际比较与经验借鉴

中国经济在全球范围内的地位不断提高，银行业作为支撑一个国家产业经济发展的关键环节，其重要程度日益凸显，因此，中国银行业需要进一步深化改革，从制度和结构两个层面创造一个有利于中国经济持续快速增长的外部环境。相对于美国、德国等国家银行业已较为成熟，中国银行业市场结

---

① 资料来源于中国银行保险监督管理委员会银行业金融机构法人名单（截至 2021 年 12 月末）。

构不断优化，现已形成了以国有商业银行为主体、中外资银行并存、多种类型商业银行有效竞争的新格局。然而，其资源配置、价格发现、风险处理等金融中介职能的有效发挥仍受许多制约。借鉴发达国家银行业发展的历史经验，对加快我国银行的发展速度，制定出我国银行的结构优化目标，并调整其改革思路具有重要意义。

3.3.1 金融体系的分类

各国金融市场由于其所处的经济环境、政治环境和法律环境存在着诸多差异，因此，其完成储蓄向投资转化的主要方法和过程存在着一定的差别，从而形成了不同的金融体系。对于不同国家金融体系的比较，有利于我们了解不同的金融体系下，银行业市场结构的变迁过程，以及这种变迁过程对金融稳定的影响。

1. 金融体系的类型

金融体系是指以银行为主导的金融体系，它在国家的经济活动中起着至关重要的作用，是现代经济发展必不可少的一部分。金融体系不仅能够为其他经济活动提供资金支持，同时还能为企业提供融资渠道，促进资本的合理流动，从而使资金发挥出更大的效用。从宏观角度来看，金融体系可以帮助社会实现资源的优化配置，促使社会整体经济资源实现最优化配置。从微观角度来看，金融体系能够在一定程度上调节企业和个人之间的借贷行为，进而为企业的发展提供资金支持。所以，金融体系的健康发展能够促进实体经济的发展。同时，金融体系还会对国家经济的运行产生影响。世界上的每个国家都有着自己独特的金融体系，随着时代的发展和金融创新的不断推进，它们的金融体系也是处于一个动态变化的过程中。

而金融体系最基本的作用就是将存款转变为投资，所以，通过对各国存款与金融资产构成的对比，可以看出其金融体系的差异。从直观上可以看出，发达国家的金融制度比较明显的差异是：不同国家的金融市场与金融中介的重要程度不同。美国、德国两国都是属于比较极端的国家。美国的资源配置主要依靠金融市场，相比之下，德国的资源配置是依靠金融中介（以银行为主），金融市场则退居次席。按照金融中介机构与金融市场在金融系统中的重要程度，或者按照两种融资方式（直接与间接）在金融体系中的地位不同，将金融市场划分为以德国为代表的银行主导型金融体系和以美国为代表的市场主导型金融体系。而在这两个极端之间，大量存在的是其他一些混合了两者性质的国家，他们大多更倾向于其中的一种，如日本、法国，他们传统上都倾向于以银行为主要的配置资源的手段，而加拿大和英国则是以金融市场为主要配置资源的手段。白钦先（1996）将这种对于某种类型金融体系模式的倾向称为"金融倾斜"，并认为这是一个非人为干预的自然的历史的客观发展过程，是商品经济和货币信用、经济发展水平和国民储蓄量、收入分配结构和方式不断变化和发展的产物。

2. 两种金融体系的比较

金融中介和金融市场作为资金配置的渠道，在实现金融核心功能方面都扮演着重要的角色。本节的重点是探讨这两种金融体系在实现金融核心功能方面的优劣势。我们将从以下三个层面来分析金融市场和金融中介在实现金融核心功能方面的差异。

首先，获得和处理信息的方法不同。预期的形成是金融交易得以建立的基础，这一过程中信息起到了至关重要的作用。不同的金融体系在信息生产和处理方面差别很大，这直接影响到资源的配置和效率。

信息不对称可能导致人们的道德风险与逆向选择。逆向选择的意思是指具备潜在不良贷款的人往往是那些最需要贷款的人。传统方法的一种思路是由私人来生产和销售这些资讯，但这样做有很大的信用风险；另一种思路是借助金融中介，通过将其自身的财富投资于各种资产来获得可信的信息从而解决可信度问题，并通过私人贷款而非购买证券来解决"搭便车"问题。这一点可以看出，在解决逆向选择问题上，金融中介相对于金融市场有着更大的优越性，而且它也起着规模化信息生产的作用。道德风险是金融交易进行后产生的信息不对称问题，需要加强监督才能解决。在此背景下，戴蒙德（Diamond，1984）提出了"委托监督理论"，即金融中介机构会以受委托的监督者的身份，出具可信信息解决逆向选择问题。防止道德风险的具体方法有：银行发放贷款后对借款人行为进行监督和控制，并通过转账结算等方式了解客户的资金使用情况。银行的信贷专家跟踪分析客户的资信状况，及时发现可疑情况并冻结账户或采取其他措施。在某些国家，银行代表甚至可以参加公司的董事会或监事会。银行发放的多为抵押贷款，高价值的抵押品也可以确保在信息不对称的情况下避免道德风险。此外，银行和借款人之间建立的是长期关系，采用"关系融资"，借款人由于和银行之间存在着多次重复博弈导致违约的代价很大，这也大大降低了借款人违约的可能。

银行代理监督功能对于不同产业所发挥的效果也不同。对于技术更新较慢的传统产业，投资者获得的信息比较容易达成一致意见，此时的代理监督成本比较小，更适合银行主导型金融体系。而对于高风险高成本收益不确定的高新技术产业，投资者很难达成一致的意见，代理监督成本相对比较高，因此银行主导型金融体系的融资效率较低。相反，市场主导型金融体系更适合新兴产业的发展，因为投资者可以直接参与投资决策，虽然这样做需要投资者支付一定的信息成本，但是他们可以利用获得的信息作出自己的投资决策并采取行动，进而将私人信息传递到金融市场，由此提高了资金配置效率。因此，对于新兴产业来说，金融市场具有更高的配置效率。

总体来看，在信息生产和处理方面，金融中介具有比金融市场更多的优势。由于银行代理监督功能固有的缺陷，在高新技术产业融资方面金融市场更具有优势。另外，金融市场相比于银行中介来说，可以从多种渠道提供企业最优决策所需的信息，在降低道德风险上也比银行更具优势。

其次，监控激励机制存在差异。由于信息不对称的存在，银行主导型金融体系和市场主导型金融体系的公司对于应对此类问题具有不同的解决机制。我们主要从监控的内部约束、外部约束和激励机制三个角度来分别进行比较，可以更准确地判断两种融资方式的优劣，以促进金融市场健康发展。

内部约束是指出资方通过直接影响经营者的方式来影响经营者的工作态

度，进而有效约束其管理经营行为。市场主导型金融体系下，股份公司设置公司内有关权力制衡机构来实现对经营者的内部约束。而银行主导型金融体系下，银行的收益由企业经营业绩决定，因此银行系统会积极监测和关注公司的经营状况，并可向其持股比例较大和贷款较多的企业派驻人员，由此成为企业重要的监督者。

外部约束是通过公司外部其他途径或方式间接监督公司经营者的管理经营活动，促使经营者迫于外界因素的压力而主动对公司经营进行有效的管理。在市场主导型金融体系下，市场对公司的外部约束占据公司治理模式的主导地位。而在银行主导型金融体系下，市场的外部约束机制比较弱，银行通过法人之间互相持股的网络导向型体制和集团利益形成利益共同体，但这可能使得企业本身难以真切地感受到来自市场的压力，导致经理层的危机感和竞争意识不足。

激励机制是从正面给予经营者努力工作、改进管理水平、提高公司经营水平的动力。市场主导型金融体系下，股权激励机制是公司治理激励机制的核心，企业经营者为保证股东价值最大化，而将经营者的个人收益和其他股东的利益进行挂钩。而在银行主导型金融体系下，公司内部的事业型激励机制占主要地位。但是这种激励方式缺乏竞争活力，而且随着金融市场和商品市场的全球化，其所能发挥的作用越来越小。近年来，银行主导型金融体系下的公司治理正在借鉴市场主导型金融体系下的激励机制，如导入股票期权制度，但其作用还未能得到充分证实。

最后，风险管理的能力不同。金融市场为一般投资者提供各种金融产品，使得横向分担风险的机会大量增多，看起来似乎更加有利，但是由于市场往往所具有的不完全性，从而导致市场主导型的金融体系下，投资者的资产更容易暴露在市场风险下。而金融中介不仅提供短期流动性，还可以通过长期投资优化投资组合、分散投资风险，因此，金融中介的横向风险分担功能更为强大。

3. 两种融资方式的互补性

金融市场和金融中介是实现金融职能的重要载体。在金融职能的发挥上，金融市场与财务中介既有区别又有互补。毋庸置疑，金融中介和金融市场在功能发挥上有一些竞争关系，然而，如果对金融市场的作用进行深入的研究，我们就会看到，金融市场越是复杂，就越要求金融中介的发展与其保持一致，金融市场的发展内在地产生了对金融中介的需求。与此同时，金融中介自身也是依附于金融市场这个运作平台的，要想发展金融中介业务，要想机构形式的创新，都离不开由金融市场所创造出来的机会。因此，要想使金融中介机构规模扩展、公司治理机制优化、克服自身信息传递的局限性，都必须要借助金融市场的发展来实现。在金融产品创新、风险分担和融资机制等领域，金融市场和金融中介机构相互配合、相互补充，推动着金融职能的进一步发展。

金融市场的运转、发展和风险防范都离不开金融中介。这是因为：一是金融中介可以减少金融市场的失灵，弥补金融市场的不足，使金融市场能够发挥出最大的作用；二是金融中介可以提高金融市场的投资回报率，增强投资者对市场的信心；三是金融中介还可以解决金融市场中的"搭便车"问题，从而推动更多投资者参与证券交易，从而有效地提升金融市场的发展速度和效率。

金融市场促进金融中介的发展和生存，主要体现在：一是金融市场可以增加金融中介的业务，提高其业务水平；二是金融市场可使一国避免过度依赖银行融资，从而降低融资波动风险；三是金融市场的信息可以促使金融中介更好地利用信息资源，提高自身的竞争力；四是金融市场还促进新型金融中介的产生和发展。

总之，金融中介和金融市场的协调发展，可以为更多公司提供有效的贷款和发行证券融资，不仅可以有效降低公司的融资成本，而且还能够提高公司的融资效率，从而大大增强企业抵抗冲击的能力。

3.3.2　发达国家银行业市场结构比较

根据全球银行业的发展变化特点，本节我们选取有代表性的国家和地区进行详细比较，通过对典型国家和地区银行业市场结构变化的比较，以期找出不同金融体系银行业市场结构变化所遵循的特定规律。

1. 美国

美国的金融体系是典型的市场主导型。融资渠道主要以市场为主，企业主要通过发行各种证券来筹集生产经营所需的各项资金。在美国发达的资本市场上，有众多的金融服务机构以及丰富的金融工具产品可供选择。在美国，银行和企业间的投融资关系以距离型为主，即双方关系疏远。

美国早期主要围绕贸易和商业两个方面进行金融活动。成立于 1781 年的北美银行（The Bank of North American）是美国现代意义上的第一家银行，是为帮助独立战争而设立的。它接受现金和银行券，也发行自己的银行券。北美银行在成立后取得了不错的收益，随后各州各自开始成立自己的特许银行，即州立银行。州立银行兴起，由于各州自治程度较高，缺乏为联邦政府服务和传递政府服务给民众的机构，于是美国第一银行（The First Bank of the United States）应运而生，共经营了 20 年，在美国的几个主要城市设有八家分行，规模远超过一般的州立银行。美国第一银行兼有商业银行和部分中央银行的公私性质，其主要职能是提供信贷，储存公众与财政资金、管理公共债务以及负责各州之间的资金流动，由于州立银行的反对而停业。此后，州立银行的数目由 1810 年的 88 家增加到 1860 年的 1562 家，联邦政府依靠州立银行为 1812 年战争融资，造成银行券流通性降低和通货膨胀，于是，1816 年成立第二家美国银行，由于东西部金融势力的对抗，该行 1836 年停业。

由于历史的影响和政策的演变，美国银行业高度分散。美国的金融中介体系包括存款性金融机构和非存款性金融机构两大类。存款性金融机构可以分成商业银行、储蓄银行以及信用合作社。商业银行在三类银行中规模最大，占据主导地位。近年来，由于市场竞争的激烈，银行之间的兼并趋势增强，商业银行在数量减少的同时，银行规模却不断扩大，经营范围不断拓宽，其主要业务包括负债业务、资产业务、证券投资、利息收入与非利息收入。2022 年美国商业银行全部资产为 22.3 万亿美元。储蓄银行又分为互助储蓄银行（savings bank or mutual savings bank）和储蓄贷款协会（savings and loan association），互助储蓄银行的客户通常持有较低的存款余额，其资金运用则主要是住房抵押贷款；储蓄协会的主要资金运用是向其会员提供贷款，多数贷款是用于购买房地产或住房。信用合作社的规模在三类银行里是最小的，是免税经营的非营利性企业。非存款性金融机构指的是投资银行、养老基金和共同基金等非银行金融机构，在美国金融体系中居于重要地位，具体如图 3 - 1 所示。直到 20 世纪 80 年代末，美国银行指的是单纯的商业银行，不包括投资银行，美国的《格拉斯—斯蒂格尔法案》禁止全能银行的存在，该法案的问世也标志着美国银行业正式进入了分业经营时代，美国的商业银行和投资银行一直是分离的，直到 1991 年，政策才有所改变。

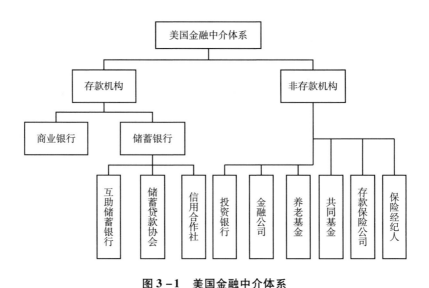

图 3 - 1　美国金融中介体系

资料来源：笔者根据理论分析归纳整理而得。

美国银行业市场高度分散，根据美国联邦存款保险公司（FDIC）披露的数据，截至 2022 年末，投保的美国银行业机构数量共有 4706 家，而且这些银行全部是私有制银行，在美国不存在拥有大量分支机构的全国性银行和国有银行。多数情况下，美国的一家银行同时被几个股东持股所有，在美国新组建银行相对比较容易。美国银行业比较显著的一个特点是银行持股公司，就是一家公司同时拥有一家或多家银行的股份。

美国银行的规模差异非常大，其最大的银行是摩根大通银行，截至2021年底，该银行的总资产已超过5万亿美元；最小的银行是DSRM国民银行，业务范围比较有限。社区银行大都规模比较小，专门提供与消费和零售业务相关的金融服务。大银行（资产规模超过10亿美元）多属于区域性或跨区域的银行，负责提供内容和范围都相对宽泛的批发银行业务，经常用它们购买的基金来放贷和从事投资活动。其中规模最大的银行，也就是通常所说的银行控股公司，被称为货币中心银行。美国虽然存在众多规模分散、大小不等的银行，但美国银行的市场集中度却并不低。1997年，美国80%的银行业资产集中在大约4%的美国银行手里，而1983年3%的美国银行拥有全国银行业63%的资产。到2016年，美国最大的五家银行拥有的资产依然占全部商业银行资产的近一半，比十年前反而有所上升（见图3-2）①。截至2020年末，总资产规模在3亿美元（折合人民币19.6亿元）以上的商业银行，共2008家，合计总资产为19.308万亿美元，其中，美国国内总资产17.549万亿美元。从结构看（以下数据按照2020年末1美元=6.5389元换算为人民币），总资产达10万亿元规模的银行有4家，即摩根大通、美国

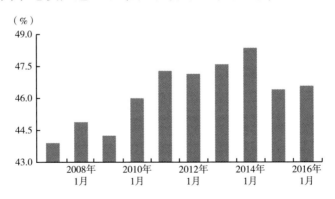

图3-2　2007~2016年美国银行业集中度（CR₅）

---

① 根据美国银行业资产数据归纳整理。

银行、富国、花旗，总资产占比 44%；4 万亿~10 万亿元区间断档；1 万亿~4 万亿元规模的银行共 14 家，总资产占比 21%；即 1 万亿元以上的银行共 18 家，合计总资产占比 65%；1 千亿元~1 万亿元区间的银行共 86 家，合计总资产占比 22%；即 104 家银行控制了 87% 的银行业资产。

2. 德国

德国拥有世界上最稳健的银行体系，银行业作为整个金融体系的中心，在德国的整个经济发展中扮演着举足轻重的角色。德国以银行业为中心的金融体系掌握了资金流通环节，即借贷双方主要通过银行等机构在企业之间流通资金，而股票、债券等其他直接融资方式在金融市场中占据的份额很小。银行在融通关系中的中介作用进一步加强了其在金融体系中的绝对地位。同时，由于银企间以关系为导向融资关系的存在，其金融市场资金融通方式往往更为长远，这也是德国银行体系稳定的一个重要原因。

德国银行体系整体上可以分成两大部分：综合性银行和专业银行。作为一家混业经营的大型银行，综合性银行除了传统的商业银行业务外，还提供证券投资、保险等多种服务，拥有"金融超市"的美誉。综合性银行又可分为商业银行、储蓄银行和合作银行，是德国银行体系的三大支柱。顾名思义，专业银行就是从事专门业务的银行，常见的抵押信贷银行、住宅贷款银行都属于专业银行。商业银行包括民营银行、私人银行和外国银行三类。作为德国最大的三家商业银行，即德意志银行（Deutsche Bank）、德累斯顿银行（Dresdner Bank）与商业银行（Commerzbank）的业务量占其商业银行业务总量的 2/3。由于早期专注于为小储户提供融资，储蓄银行也被称为"穷人银行"。在德国信贷市场，储蓄银行对小微企业的贷款比例排名第一。储蓄银行虽然以商业化为导向，但并不盲目追求利润。他们接受地方政府的财政支持，以地区为最大的经营范围，承担着为地方政府和各州经济发展实现资本流通的责任；直到 2005 年，它一直由政府担保，在破产的情况下，政府为它承担债务。而作为储蓄银行的主要竞争者，合作银行专注服务于地方企业，不实行跨区经营，由不同行业联合会建立，为其自身发展助力。德国拥有庞大的各类银行：包括德意志银行和德国商业银行在内的 200 多家商业银行，由 8 家州立银行以及 426 家储蓄银行组成的储蓄银行集群，915 家合作银行。其中合作银行集群共有 11000 多家分行和 3000 多万名客户，其中一半以上的客户是合作银行的成员。此外，由这 915 家合作银行共同组建的德国中央合作银行集团，作为合作银行的总部，承担着向合作银行提供产品和服务的职能，并接受欧洲中央银行的直接监督。

数量众多的各类银行所组成的稳健的德国银行体系为其金融业发展作出了巨大贡献。2004～2014 年，德国储蓄总量占 GDP 比重基本稳定，均值达到了 25.25%；截至 2015 年，德国银行业总资产达到 8.42 亿万美元，占金融总资产的 61%，银行部门国内信贷占国内生产总值比重为 77.9%。[①]

在德国，银行业的资产集中度不高，与 3000 多家小型银行相比，大型银行的数量微不足道，其中最大的三大商业银行资产仅占德国银行业总资产的 25%。与此同时，德国银行体系还存在着金融资源浪费问题：德国储蓄银行集团大多随区域分布，具有网点密集的特点，基本各个州都拥有自己专属的银行集团；专注化经营的合作银行分布更为广泛，尽管它们极大地为资本流通提供了多种选择，但对于仅只有 8000 多万人口的德国来说，数量庞大的银行体系也带来了金融资源浪费问题。

随着金融监管的逐步放松和金融自由化的大力推进，德国银行业进入了并购热潮。然而，由于政治阻力，德国银行之间的合并仅限于同类银行，具体体现在两个方面：银行业对外开放的持续推进及其向外扩张。近年来，德国银行业对外开放取得了良好成效，外资银行通过收购等方式参与德国银行体系。这一举措导致外国银行在德国的市场份额大幅增加，德国银行体系的市场影响力也发生了结构性变化。从 20 世纪 90 年代开始，德国银行开始大规模海外扩张：1995 年和 1999 年，它们分别收购了英国银行瑞士信贷和美国银行瑞士信贷；2005 年，德国银行开始向中国开拓市场，德意志银行收购了华夏银行 9.9% 的股份。2010 年，德意志银行再次斥资 55.95 亿元收购了

---

① 资料来源于 EPS 数据平台的世界宏观经济数据库。

5.15 亿股华夏银行股份，从而直接和间接持有华夏银行 19.99% 的股份。此外，德国银行系统的内部收购也十分火爆。2008 年，德国商业银行以 98 亿欧元（1123.2 亿港元）和 144 亿美元分两阶段收购德累斯顿银行。2019 年，德意志银行与德国商业银行基于双方商业利益的考虑，在当时财政部部长的大力推进下，进行了多次并购谈判。虽然最终并未完成并购行为，但作为德国的两大巨头银行，这一举动对德国银行业乃至世界银行业都产生了巨大的影响。而尽管并购热潮有助于扩大德国银行整体规模，但并购重组并没有给德国银行业带来更多高创新型、稳健性的金融产品，其盈利水平并未实现质的飞跃，至少在面对类似的国际银行时仍不具备强大竞争力，反而埋下了更为严重的发展隐患。

产品众多、服务完善、种类丰富，是德国银行体系最为显著的特征，在银行体系发展的实践与理论方面具有重要的指导意义。然而，基于德国银行体系自身的构成特点以及并购热潮下银行的不断涌入，德国银行系统想要在竞争激烈的国际环境下占据一席之地势必要进行进一步的整合改进。

3. 新兴市场经济国家

随着科学技术的发展，全球化背景下跨国跨地区银行业务的增加，使得传统银行业务活动的半径越来越大，全球银行业和金融机构之间刮起了一股规模宏大的并购之风。

发达市场经济体和新兴市场经济体推动银行大规模并购主要是由于追求规模效率，占据更大的市场份额。但新兴市场经济体内呈现的特征可以更好地概括银行并购的趋势。一般来讲，发达市场经济体跨境并购引起的关注比较多，给人们一种错觉：银行并购大部分发生在发达国家，但实际上新兴市场经济体占全球银行业并购的很大一部分。

在过去十年中，银行业的数量趋向下降，尤其是在新兴市场经济体国家。此外，银行的集中度变化不定，但大多数国家银行的集中度趋向提高，少部分国家的银行集中度有向下的趋势。对于一些中欧国家，由于银行间竞争加剧，很多原有的大银行破产，出现很多中等银行，进而引起市场集中度的降低。这可以用赫芬达尔指数（Herfindahl index）来表示。例如，奥地利2013 年的赫芬达尔指数为 405，2017 年降至 375。在亚洲，由于金融危机的暴发，政府在银行业发挥的作用越来越大，银行业数量也有下降的趋势，银行集中度却保持比较稳定的状态。在拉丁美洲国家，银行业金融危机来得很早，有一点风吹草动都会吸引国外资本的投资，从而带来银行业结构的变化，银行集中度有上升的趋势。

对新兴市场国家而言，由于发展的需要，外国资本进入速度比较快。像亚洲的泰国，拉美的阿根廷和墨西哥，以及欧洲的捷克和波兰等新兴市场国家，国外银行业几乎控制本国 50% 以上的资本。对于外国大型银行机构而言，出于成本和绩效的角度，也会重新整合之前收购的银行，这进一步带来银行数目的减少。

4. 欧洲

欧洲的银行业具有悠久的历史，是世界银行业的主要组成部分。20 世纪80 年代的美国是银行业大规模并购的起点，此后迅速发展为一个全球经济现象，到 20 世纪 90 年代形成高潮，使全球银行业的结构与竞争格局发生了重大变化。同时，这一时期也是欧洲银行业并购的主要时期，出现了诸如意大利联合信贷银行、英格兰银行（HBOS）、西班牙储蓄银行（BBK）等大型银行。在银行业大规模并购的同时，欧洲银行数量大量减少，表现在国内当地信贷机构数量的减少以及信贷机构从业人员数量的减少，从 2016 年到 2020年，欧元区银行当地机构的数量由 149398 家下降到 118562 家，下降幅度高达 20.64%。欧洲信贷机构从业人员的数量由 279 万人减少至 225 万人，大概减少 19.35%。[①]

然而欧洲银行业的资产与负债规模稳步提升，银行数量的减少和银行资产负债规模的增大说明银行业市场集中度不断提高。选择欧洲各个国家最大

---

① 　根据欧洲中央银行 2021 年银行业结构报告归纳整理。

的 5 家银行在该国家银行部门总资产中的份额（CR$_5$）来说明欧洲银行业市场集中度的发展。从 2016 年到 2020 年，欧洲银行业整体的 CR$_5$ 是有所提高的，整体达到比较高的市场集中程度。总体来看，有 22 个国家的 CR$_5$ 在这一期间提高，其中提高最多的是塞浦路斯，由 65.8% 到 86.5%，提高了 20.7%，集中度上升较为明显。截至 2020 年底，爱沙尼亚、希腊、克罗地亚、塞浦路斯、拉脱维亚、立陶宛、荷兰和芬兰 8 个国家中 5 家最大的银行控制了国内银行市场 80% 以上的份额，市场集中度比较高。而卢森堡银行业市场的集中度最低，5 家最大银行仅控制全部银行业资产的 31.6%。

赫尔芬达指数用以说明市场的垄断程度，反映银行规模分布对集中度的影响。其取值范围从 1 到 10000。该集中度指数是所有银行市场份额的平方的和，能够更准确地反映新银行和小银行的进入以及市场份额大的银行的影响。美国司法部将赫尔芬达指数超过 1800 的市场界定为高度集中的市场，赫尔芬达指数在 1000 以下的市场是不集中的市场。2016 ~ 2020 年，欧洲银行业整体由赫尔芬达指数所度量的市场集中程度有一定提高。成员国中，仅有希腊、荷兰、芬兰和瑞典银行业资产的赫尔芬达指数小幅下降，其他国家均有不同程度的提高。截至 2020 年，各成员国中，爱沙尼亚、希腊、塞浦路斯、立陶宛、荷兰和芬兰的赫尔芬达指数都在 2000 以上，市场集中度非常高，与其 CR$_5$ 是相一致的。卢森堡银行业市场的 CR$_5$ 在欧洲各成员国中最低，其赫尔芬达指数值也是最小的。[①]

3.3.3 国家间银行业市场结构对货币政策信贷渠道影响的比较

众多国外学者就银行业市场结构对货币政策信贷渠道的影响进行了研究分析。在美国的银行业市场结构基础上，卡什亚普和斯坦（Kashyap & Stein，2000）研究发现资产负债表缺乏流动性的银行受货币政策的冲击更强烈，而这一现象也归因于较小的银行规模。亚当斯和阿米尔（Adams & Amel，

---

① 根据欧洲中央银行 2021 年银行业结构报告归纳整理。

2005）是最早运用实证方法研究银行业结构与货币政策信贷渠道传导效应之间关系的学者，他们研究发现市场集中度越高，信贷渠道的影响就越微弱。尼古拉·塞托雷里和琳达·戈德伯格（Nicola Cetorelli & Linda S. Goldberg，2008）研究表明银行业的国际化发展能够加深货币政策信贷渠道的传导影响，具有国际业务的大银行能够依靠国内资本市场和国外分支机构平滑国内的流动性冲击。但是小银行更容易受到紧缩性货币政策冲击的结论并没有得到所有学者的认可，更多的学者研究发现银行规模并不一定是银行影响货币政策传导效果的决定性因素，流动性和资本充足率约束同样起着重要的作用。

以欧洲银行业市场结构为研究对象，莱昂纳多·甘巴科塔（Leonardo Gambacorta，2001）认为意大利银行的规模大小对货币政策的传导不会存在显著差别。该研究结果表明，由于关系型融资的存在，即使在货币政策紧缩时期，小银行仍然存在借贷的积极性，这样增加了小银行资金的流动性，同时也缓解了紧缩性货币政策对小银行信贷的影响。米夏尔·埃尔曼等（Michael Ehrmann et al.，2001）研究发现，法国、德国、意大利和西班牙银行信贷渠道在紧缩性货币政策传导中发挥着重要的作用。与银行大小和资本充足率相比，流动性在货币政策传导中起着最关键的作用，流动性较差的银行对货币政策的反应更强烈。另外，通过对欧洲与美国的比较，可以发现银行业结构的不同对货币政策传导的效果也不同。卡斯和斯特姆（Kakes & Sturm，2002）研究发现，德国中小银行比大银行更倾向于持有更高比例的流动资产以便应对紧缩性政策冲击。此外，货币紧缩之后银行借贷行为出现较大的差异，其中小银行信贷下降得最多，而大银行却往往能够保护其信贷组合成功地平滑货币冲击。同样以意大利为研究对象，莱昂纳多·甘巴科塔（Leonardo Gambacorta，2005）认为资本充足率低的银行受货币政策的冲击最严重，流动性是个重要的决定因素，但是由于关系型融资的存在，使得银行规模受货币政策冲击的影响不显著。

以中东欧的新兴欧盟成员国银行业市场结构为研究对象，罗曼·马图斯克和尼古拉斯·萨兰蒂斯（Roman Matousek & Nicholas Sarantis，2009）通过实证检验发现银行规模和流动性在货币政策传导中发挥着更大的作用。而亚当·埃尔本和雅克布·德·哈恩（Adam Elbourne & Jakob de Haan，2006）则发现金融结构与货币政策信贷传导渠道的联系不紧密。除此之外，还有学者对日本银行业市场集中度与货币政策传导等方面开展研究。弘·贡吉等（Hiroshi Gunji et al.，2009）进行实证检验得出：（1）运用脉冲响应函数和Panzar & Rosse 模型的 H 统计量的检验结果不能为货币政策冲击与银行业竞争的相关性提供证据；（2）运用分类数据的回归分析得出银行业竞争可以减弱货币政策对银行业冲击的结论。

3.3.4　启示

全球金融业在 20 世纪 30 年代之后普遍经历了大规模自由化时期，各国银行业纷纷出现了兼并和合并的浪潮，银行业市场结构呈现出集中的趋势。与此同时可以发现，尽管各国银行业都表现出市场集中度较高的结构特征，但该特征对不同国家货币政策传导产生的影响却不尽相同。这些国家中既有市场主导型金融体系国家（如美国），也有银行主导型金融体系国家（如日本）；既有成熟市场经济的发达国家（如美国和日本），也有处于经济转型期的发展中国家（如墨西哥和巴西）。各国间不同银行业市场结构导致不同的货币政策传导有效性，一些国家货币政策有效性较高，一些国家的货币政策有效性则难以保证，甚至出现货币政策无效以及金融危机的恶劣后果。

对于不同的国家，由于其所处的经济发展阶段不同，国内其他宏观环境的差异，银行业市场结构作用于一国货币政策传导的影响可能不同。尤其是通过已有实证研究结果和对不同国家的比较，我们或许可以得出这样的结论：银行业市场结构确实是影响一国货币政策传导的因素，但由于各国宏观经济环境、金融体系和法律环境等存在着差异，银行业市场结构作用于货币政策传导机制的影响机理可能不同。这给本书的研究提供了很好的思路和研究空间，本书试图对这一结论进行验证。基于中国的实际国情，从理论上论证中国银行业市场结构影响货币政策信贷传导的作用机制，并利用实证数据从银行业微观结构和银行业宏观结构两个层面分析银行业市场结构与货币政策信贷渠道的相关关系，以期为我国银行业市场结构的优化调整、提高货币政策传导效率和疏通货币政策传导渠道提供有益参考。

3.4　货币政策传导机制中存在的问题

近几年来，我国银行业得到迅速的发展，中央银行运用货币政策的能力也得到了显著提升。货币政策在保持币值稳定，扩大内需，促进国民经济平稳快速发展等方面发挥了积极的作用。在货币政策传导机制中，各级商业银行积极落实货币信贷政策，金融机构贷款快速增长，金融业对宏观经济的助推作用更加有力。目前，我国货币政策传导机制中仍然以信贷渠道为主要传导途径，信贷增长率与 GDP 增长率之差达到我国中央银行体制建立以来的最大，然而信贷渠道依旧存在着诸多问题，使得货币政策传导效应尚未充分发挥，货币政策传导出现梗阻。

3.4.1　货币政策方面

总体说来，我国中央银行运用货币政策调控宏观经济的能力日益加强，使用各种货币政策调控工具日益娴熟，我国货币政策正在逐步市场化，针对性、灵活性和及时性也在不断提高。如中国人民银行区别规定一般金融机构和农村金融机构的利率水平，对汶川地震灾区能够实行特殊政策等。但是，我国的货币政策还存在着一些明显的问题。一方面，我国货币政策的可控性还处在较低水平。尽管中国人民银行能够控制和调节基础货币量，但是对社会货币总供应量却不能进行完全有效的控制，而只能运用各种间接手段进行调控。如 2009 年我国实行适度宽松的货币政策，导致商业银行出现将近 10 亿元的"天量"新增贷款，严重超出货币政策调控预期，这也说明我国货币政策的可控性还需进一步加强。另一方面，我国货币政策内容单一，由于我国地域辽阔，东西部区域发展水平极不平衡，而中央银行制定的货币政策往往忽视区域差异，仅依靠基层中央银行开展间接调控，对金融机构经营活动缺乏刚性约束，这就使得中央利益与区域利益发生矛盾，中央银行货币政策调控效果很难在每个区域发挥相同的作用，在一定程度上严重阻碍了货币政策的最终传导效果。同时，指导性的货币政策意图也很难与我国形式众多的商业银行的经营原则保持一致，特别是一些基层商业银行或者是外资银行，对货币政策的配合积极性不高，当货币政策调控有利于其自身经营发展时，积极配合，而当货币政策调控不利于自身经营发展时，则消极对待，使得一些出台的政策得不到落实，政策效应难以显现。

3.4.2 商业银行方面

我国属于商业银行主导型的金融体系，商业银行作为货币政策传导中的重要一环，在很大程度上影响着货币政策调控意图是否能够顺利传导到企业和居民层面，从而直接影响着货币政策传导的最终效果。然而，目前我国商业银行存在着一些不利于货币政策传导的问题。一方面，商业银行分布不均衡严重阻碍着货币政策的传导。一般认为，我国大型商业银行和股份制商业银行是信贷投放的主要渠道，也是货币政策调控的最主要和最直接的对象。然而，我国大型商业银行和股份制商业银行基本上都集中在大中型城市，尤其是东部发达城市，特别是随着近几年国有商业银行基层机构的撤并，一些小城市和农村乡镇的金融机构越来越少，造成地方性金融机构严重缺失。这就使得货币政策传导途径缩短，传导意图难以直达最终微观经济实体，令传导效果大打折扣。另一方面，我国银行业间竞争日趋激烈，目前我国商业银行主要的利润来源依旧是存贷利率差。在利润最大化的驱使下，商业银行千方百计寻求更大的利率差以追求最高的利润。因此，在这种背景下，商业银行难免会做出违背货币政策调控意图而追求自身利益的行为，这会在很大程度上扭曲货币政策调控目标，从而阻碍货币政策传导效果。

3.4.3　企业和居民方面

企业和居民作为货币政策传导机制中的微观主体，直接决定着货币政策的最终传导效果。然而，在企业和居民层面，也依旧存在着不利于货币政策传导的诸多问题。

在企业方面，特别值得一提的是中小企业在货币政策传导中形成的梗阻。我国中小企业健康发展对国民经济可持续发展以及扩大就业具有重要意义，它们在体制和机制方面具有一定的优势。但是目前看来，我国中小企业还存在着一些问题，如产业分布结构不合理，规模较小，管理水平较低，盈利能力较差，财务制度不健全，缺乏抵押质押担保品等，这就使得中小企业融资难的问题格外突出。与此同时，中小企业的融资又对商业银行信贷的依赖性很强，然而在我国目前的银行体制背景下，商业银行的贷款对象普遍集中于国有大中型企业和优质客户，对中小企业的贷款是慎之又慎，贷款总量也难以达到较快增长。这就形成了我国在一定时期内信贷总量投放快速增长与大多数中小企业"贷款难""难贷款"同时并存的怪现象，这不仅不利于我国中小企业的健康发展，而且更加严重地影响了货币政策经由投资变量传导的最后作用效果，导致货币政策在基层的传导出现梗阻。

在居民方面，我国社会保障制度尚不完善，居民普遍受到教育体制、医疗体制、养老体制和住房体制改革的影响，预防动机比较强，对利率的变动不敏感，储蓄倾向比较强烈，消费倾向难以调动。与此同时，我国居民投资倾向比较强烈，但是投资渠道过于单一，投资态度稍显偏激。另外，我国居民收入贫富差距日益扩大，在面对相同的宏观经济调控时，所选择的消费和投资行为差异巨大，这也逐渐成为我国货币政策调控需要关注和考虑的问题。

3.5 货币政策传导机制问题原因分析

以上分析了我国货币政策传导机制中存在的问题，这些问题的存在离不开一定的社会经济环境大背景，因此，只有探寻问题出现的原因才能真正畅通我国货币政策传导机制。

3.5.1 宏观经济环境复杂多变

宏观经济环境与货币政策之间的关系相辅相成，当宏观经济环境发生改变时，货币政策将随之改变策略以适应或者调控宏观经济发展；当货币政策风向转变时，宏观经济环境也将会跟随货币政策风向的转变而转变。因此，宏观经济环境与货币政策的关系极其密切。宏观经济环境既是货币政策的原因，也是货币政策的结果。当实体经济中出现结构不合理和供求失衡问题时，需要货币政策进行指导和调控，货币政策调控的效果，又直接反映在实体经济中。当宏观经济发展过热时，需要货币政策为其"降温"，当宏观经济发展缓慢时，同样也需要货币政策为其"升温"。一般来说，宏观经济活动波动频繁，货币政策的变动和传导速度也会加快。我国近几年的货币政策操作实践已经能够充分地说明这一点，宏观经济环境与货币政策密不可分，宏观经济环境深入广泛地影响着货币政策传导效果。然而，目前我国宏观经济环境中存在着经济结构不合理，生产力相对过剩，内需不足，投资盲目，资产价格存在泡沫等多方面问题，又加之由美国次贷危机引发的全球金融危机带来的挑战，进一步加深了宏观经济环境的复杂性，加大了货币政策调控的难度，阻碍了货币政策传导机制的合理运行。

3.5.2 中央银行独立性尚不完全

中央银行是货币政策的制定者和执行者，具有相对独立性的特点。中央银行独立性是指中央银行在发挥其职能的过程中，不受国内其他利益集团影响的程度。中央银行的独立性不强是导致货币政策传导效率不高的一个非常重要的原因。中央银行若不能独立制定货币政策，则会延长货币政策的时滞，同时，中央银行的独立性差也会影响货币政策对货币稳定性的维护。在我国，中国人民银行作为中央银行，在货币政策的制定和执行过程中缺乏必要的独立性和主动性，也缺乏对中央银行独立性的制度保障，这就导致货币政策实施过程中出现内部时滞，进而影响货币政策的实施效果。中国人民银行对货币供给量的控制也缺乏独立性，还要在对人民币资本项目实行管制的情况下保持人民币币值的基本稳定，这些原因都将导致货币政策传导机制的正常有效运行。

3.5.3　商业银行多元化格局

目前，我国商业银行格局呈现多元化趋势。四大国有商业银行占据着主体地位，它们是贷款投放的主体，也是我国货币政策传导中的主渠道。我国四大国有商业银行经过改革发展已经取得了很大成效，但是还不同程度残存着经营机制不完善、机构设置不合理、办事效率低下等问题，降低了货币政策传导主渠道应有的作用力度。股份制商业银行也纷纷进行市场化、集约化改革，努力扩大市场占有份额。金融业的改革开放和国内合资银行、外资银行和外资金融机构数量的增加，更加促进了我国银行业多元化格局的形成，同时也加剧了银行业间竞争程度。而我国农村乡镇县一级的金融机构严重缺乏，农村信用社的经营管理和服务能力有待进一步提高。我国这种商业银行多元化格局也反映出银行业发展的不平衡性，增加了货币政策调控的难度，对货币政策的执行力及其传导的及时性和有效性也会产生一定消极影响。

3.5.4　监督制约机制缺乏

目前，我国货币政策信贷传导渠道主要是"中央银行—金融机构—企业或居民"。货币政策通过改变各种政策工具，从而使金融机构作出反应，进而影响企业和居民的投资消费行为。然而，金融机构的信贷行为大多建立在促使利润最大化的基础之上，有时会优先考虑自身利益，而忽视了其作为货币政策传导机制中重要一环的作用。因此，金融机构是否能够真实、有效地落实货币政策调控意图，这就需要有关部门加强监督和指导，及时调控金融机构信贷数量和信贷结构，避免金融机构的行为扭曲货币政策传导意图，削弱货币政策效果。

3.5.5 社会信用环境缺失

良好的社会信用环境是市场经济健康发展的重要基础，也是货币政策信贷传导渠道发挥作用的重要条件之一。然而现阶段，我国社会诚信保障与约束机制尚不健全、不严密，很多国有企业经营机制不完善，经营状况不理想，以往的历史坏账、银行贷款概由国家"买单"，严重破坏了正常的社会信用机制和银行信贷机制。相对于国有大中型企业，小企业的融资成本更高，而盈利能力更加有限，这也就进一步导致其信用的缺失，信用的缺失又更加剧了贷款难的问题，形成恶性循环。因此，我国社会信用基础脆弱，信用制度建立滞后，已成为货币政策银行信贷渠道传导失效的重要阻碍原因之一。

银行业市场结构对货币政策银行
信贷渠道影响的理论分析框架

本章的研究目的在于构建银行业市场结构影响货币政策银行信贷渠道传导的理论分析框架，为本书的研究奠定坚实的理论基础。首先，考察了货币政策及其传导机制的相关理论概念，特别分析了银行信贷渠道的作用机理；其次，主要考察了市场结构的相关概念，并对我国目前所处的银行业市场结构类型进行了理论判别，得出垄断竞争市场结构的结论；最后，通过建立银行业市场结构对银行信贷渠道影响作用的理论模型，为我国银行业市场结构对货币政策银行信贷渠道发挥影响作用的存在性问题提供了理论支持。

4.1 货币政策传导机制理论分析

4.1.1 货币政策与货币政策传导机制

货币政策（monetary policy）是指中央银行或货币当局为实现宏观经济调控目标而运用各种工具方式调节货币供求进而影响宏观经济的方针和措施的总称，是国家宏观经济政策管理体系中的重要组成部分，在宏观经济调控中具有不可替代的重要作用。

　　然而，货币政策对宏观经济调节具有一定的间接性，需要货币政策传导机制来最终实现货币政策调控意图。所谓"机制"，最早源于希腊文，原指机器的构造和工作原理、有机体的构造和功能及其相互关系等。生物学和医学常用此词表示生物机体结构组成部分的相互关系，以及其间发生的各种物理、化学变化过程和相互关系。随后，"机制"一词被广泛应用于自然现象和社会现象中，指其内部组织和运行变化的规律。"机制"也被引入经济学，用来表示一定经济机体内各构成要素之间相互联系和影响的作用及其功能。在任何一个系统中，机制都起着基础性、根本性的作用。通常在理想状态下，一个良好的机制可以使社会系统接近于一个自适应系统，即在外部条件发生不确定变化时，系统内部能够自动地迅速作出反应，调整原定的策略和措施，实现优化目标的目的。货币政策传导机制（monetary transmission mechanism）则是指中央银行或者货币当局运用货币政策工具影响货币政策中介目标，进而实现既定的最终政策目标的传导途径与作用机理，它分析了货币政策冲击如何通过金融系统来影响微观经济主体的消费和投资行为，从而导致宏观经济总量发生变化的一整套机制理论。其中，货币政策工具是指中央银行为了达到货币政策调控目标而采取的政策手段。货币政策工具分为一般性工具和选择性工具。一般性货币政策工具包括公开市场操作、存款准备金和再贴现，选择性货币政策工具包括贷款规模控制、窗口指导等。货币政策中介目标是相对于最终目标而言的一个概念，是较最终目标更及时、更具体的一个信息指标，它可以及时调整货币政策的方向和力度，间接影响货币政策最终目标变量，利率或货币供给量等货币变量一般被称为货币政策中介目标。介于政策工具和中介目标之间的是货币政策操作目标，它是中央银行运用货币政策工具能够直接影响或控制的目标变量，是货币政策工具影响中介目标的传送点，通常采用的操作目标为准备金和基础货币。货币政策最终目标通常是指经济增长、物价稳定、充分就业和国际收支平衡。除此之外，货币政策传导机制必须具备运行的主体和运行的载体，前者包括中央银行、商业银行及其非金融机构、企业和居民个人，后者主要包括金融市场。图 4 - 1 所示为货币政策传导机制的整个传导过程。因此，货币政策传导机制是否有效和完善，直接影响着货币政策的实施效果以及对宏观经济增长的贡献。

图 4 - 1　货币政策传导机制

资料来源：根据理论分析归纳整理。

货币政策传导机制研究以肯定和承认货币非中性为前提条件，即默认货币能够影响经济体系中的各种实际变量。关于货币政策传导机制的理论研究具有悠久的历史，各经济学流派从不同的经济条件出发，形成了各自不同的货币政策传导机制理论，虽然至今仍未形成统一的认识，但是普遍认为货币政策主要有四种传导渠道，分别为利率渠道、资产价格渠道、信贷渠道和汇率渠道。这四种渠道大致可以归纳为两种观点，即"货币观"和"信贷观"。"货币观"主要包括利率渠道、资产价格渠道和汇率渠道等具体渠道。这些传导渠道的区别就在于具有不同的中介传导方式，但是它们都假设拥有完全信息的完善的金融市场，金融资产只有货币和债券两种形式，而银行贷款只是债券的一种，贷款和债券之间可以相互替代。然而，正是"货币观"的完美假设使得它在现实生活的实践中遇到重重阻碍，它完全忽视了金融机构在货币政策传导机制中的作用，也忽视了现实经济生活中大量存在的信息不完全和金融市场不完善等问题。正是因为看到了"货币观"诸如此类的问题，以银行信贷渠道和资产负债表渠道为主要理论形式的"信贷观"应运而生，信贷渠道也曾一度被提出来作为批评"货币观"的重要理由。作为本书的核心研究内容，以下将重点分析货币政策传导机制信贷渠道中的银行信贷渠道的主要理论内容。

4.1.2　货币政策银行信贷渠道作用机理

货币政策银行信贷渠道从属于信贷渠道。货币政策信贷渠道理论最早可追溯到20世纪50年代《拉德克里夫报告》所强调的信贷可获得性。20世纪50年代，信用可获得理论就已经勾勒出信贷传导渠道的轮廓。但是由于信用可获得性理论依赖于信用配给假说，而信用配给假说缺乏令人信服的证据，所以直到20世纪70年代中期，信息经济学的发展才为信用配给假说提供了新的理论支持，信贷渠道才得到认可，20世纪80年代以后，这一理论才被广泛传播并迅速发展。根据伯南克等（Bernanke et al.，1995）的研究，信贷渠道主要有两条途径：银行信贷渠道（bank lending channel）和资产负债表渠道（balance sheet channel）。

银行信贷渠道是指中央银行或者货币当局采取特定的货币政策工具影响金融中介机构（如银行）的贷款规模和结构，从而影响投资和总产出的变动。在信息不对称的条件下，银行因为特殊的信息优势而具有独特的传导功能。由于银行贷款与其他非货币金融资产不可完全替代，特定贷款人的融资需求只能通过银行贷款得以满足，特别是面临融资难问题的中小企业和居民，银行贷款是极其重要且必不可少的融资渠道。银行信贷渠道就是货币政策通过银行贷款的增减变化进一步强化对宏观经济运行的影响。

伯南克和布林德（Bernanke & Blinder，1988）以一个类似于 IS - LM 模型的理论框架率先对货币政策银行信贷渠道进行了正式探讨，提出了 CC - LM 模型。该模型包括三类资产：货币、债券和银行贷款，并用 CC 曲线①取代 IS 曲线，用以代表信贷市场和商品市场同时出清时，所有利率和产出的组合，而 LM 曲线仍然表示货币市场均衡时利率和产出的组合。在 CC - LM 模型中，CC 曲线与 LM 曲线共同决定均衡的债券利率和均衡的国民收入。

图 4 - 2 所示即为 CC - LM 模型。在 CC - LM 模型中，横轴代表总产出，纵轴代表利率，LM 曲线表示货币市场均衡曲线，CC 曲线表示信贷市场和商品市场均衡曲线，商品市场和信贷市场的冲击都会使 CC 曲线发生移动。当实行紧缩性的货币政策时，货币供给量减少，LM 曲线向左上方移动，即由

———————

① CC 为 Credit（信用）和 Commodity（商品）的合称。

LM 移至 LM′，同时银行贷款供给量也随货币供给量的减少而减少，CC 曲线向左下方移动，即由 CC 移至 CC′，此时在（y*，i*）点达到均衡，产出增加。由图 4 - 2 还可以发现，表示银行贷款利率的 i_2 小于表示债券利率 i_1，反映了信贷配给行为的存在。图 4 - 2 中所反映的货币政策银行信贷渠道传导机制可描述为：

M(货币供给量)↓→L(银行贷款)↓→I(投资)↓→Y(国民收入或总产出)↓

因此，银行信贷渠道的传导机制可以概括为：当实行紧缩性的货币政策时，银行的准备金提高，银行贷款减少，企业投资需求得到抑制，产出随之减少；当实行扩张性的货币政策时，银行的准备金降低，银行贷款增加，企业增加投资，产出随之增加。

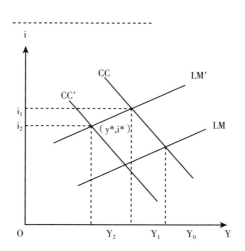

图 4 - 2 CC - LM 模型中的货币政策效应

显然，银行借贷渠道发挥作用必须满足三个前提条件：第一，货币非中性，货币能够对真实经济产生影响；第二，中央银行能够通过操作法定存款准备金直接影响银行信贷供给量；第三，银行贷款与债券至少对于部分借款人而言不可完全替代。第一个前提条件暗含在货币政策理论中，后两个条件便成为衡量一国政府能否运用银行信贷渠道传导货币政策的重要标志。另外，银行信贷渠道还透露了一个十分重要的信息：即倘若存在凯恩斯的流动性陷阱，货币政策也能在利率渠道失效时通过信用供给的变动造成 CC 曲线的移动，从而继续发挥作用。由此可见，银行信贷渠道为货币政策传导机制提供了另外一条重要途径。

4.2 银行业市场结构理论分析

4.2.1 市场结构概念

在产业组织理论经典的 SCP 分析框架中，市场结构、市场行为和市场绩效是三个最基本、最核心的内容，而且三者之间彼此联系，市场结构决定着企业的市场行为，市场行为又决定着市场绩效。所谓结构，是指构成某一系统的各个要素之间内在的联系方式及其特征。在产业组织理论中，市场结构通常是指特定产业内各个企业间在卖方之间、买方之间、买卖双方之间、市场上已有的买卖方与正在进入或可能进入市场的买卖方之间形成的市场关系表现形式和特征，以及由此决定的竞争形式。银行业市场结构是指银行产业中现有银行之间、现有银行与正在进入或可能进入市场的银行之间、银行与客户之间等在数量、规模、份额产品质量和利益分配等方面的关系和特征，以及由此决定的竞争形式。由此可见，市场结构决定着市场的竞争和垄断程度，市场结构、市场行为和市场绩效存在着因果关系。

4.2.2 市场结构基本类型

市场结构一般划分为完全竞争、完全垄断、垄断竞争和寡头垄断四种类型。

第一，完全竞争。完全竞争是指市场上的竞争不受任何垄断因素干扰，是一种理想的、不现实的市场状态。完全竞争市场需满足以下前提条件：卖方企业的数量非常多；产品价格变化完全由市场供求决定；产品是同质的，且具有相互替代性；买卖双方信息完全对称；自由进入和退出，不存在任何壁垒。在现实生活中，只有农产品市场比较接近完全竞争市场结构，除此之外，几乎不存在能够完全满足完全竞争前提条件的市场结构。

第二，完全垄断。完全垄断是与完全竞争相反的概念。它是指在一个市场里，一个产业中只有一个生产者，并且生产的产品无替代性。完全垄断市场需满足以下前提条件：卖方只有一家企业，而买方数量很多；没有替代品，因而企业能够操控产品和价格；进入壁垒很高。因此，完全垄断与完全竞争一样，都是在现实生活中极为少见的市场结构。

第三，垄断竞争。垄断竞争又称不完全竞争市场结构，是介于完全竞争和完全垄断之间的一种市场结构。它与完全竞争市场结构具有一定的相同点，如市场上都具有很多同类企业；而不同之处表现在垄断竞争市场中同类商品之间存在差别，不像完全竞争市场中产品完全同质，另外垄断竞争比起完全竞争具有相对高一些的进入和退出壁垒。因此，垄断竞争是一种比较接近现实经济生活的一种市场结构。

第四，寡头垄断。寡头垄断是一种少数几家企业控制某一市场全部市场份额的市场结构，它介于完全垄断市场结构和垄断竞争市场结构之间。寡头垄断市场结构必须满足以下前提条件：市场上企业数目很少；生产基本同质的产品或差别较大的产品；进入和退出壁垒较高。寡头垄断市场结构兼有垄断和竞争的双重优势，能够形成规模经济，获得超额利润，便于政府管理，在现实经济生活中较为常见。但是，寡头企业之间由于相互依存性容易形成某种形式的勾结，损害买方利益，阻碍产业技术进步。

综观以上四种市场结构基本类型，完全竞争和完全垄断属于极端市场结构类型，在理论上成立，而在现实生活中很难实现。绝大多数市场处于垄断竞争和寡头垄断两种市场结构之间，银行业的市场结构也不例外。

4.2.3　我国银行业市场结构类型分析

在产业组织理论中，市场结构受到诸多因素的影响，其中最基本的因素是市场集中度、市场份额、产品差异化和进入壁垒等，这些因素之间相互影响，相互作用，其中一个因素或者因素组合的改变，都会造成整个市场结构类型的变化。因此，正确判别我国当今银行业市场结构类型，应全面考察我国银行业的市场集中度、市场份额、产品差异化和进入壁垒等四要素，在此基础上综合考虑四要素的组合对我国银行业市场结构的决定性作用。

1. 市场集中度

市场集中度是指某一产业市场中卖方或买方的数量及其在市场上所占的份额，它是反映市场垄断和集中程度的基本概念和指标。一般来说，衡量市场集中度的指标分为两种：绝对集中度指标和相对集中度指标。前者包括产业集中度指数（concetration ratio，CRn）；后者包括赫希曼—赫芬达尔指数、洛伦茨曲线和基尼系数[①]。

（1）产业集中度

产业集中度是指某一特定市场或产业中，在规模上处于前几位的少数几个较大企业或组织（通常取前4位或前8位）的有关数值（包括产值、销售、资产、职工人数等）占整个市场或产业的份额大小。其计算公式为：

$$CR_n = \frac{\sum_{i=1}^{n} X_i}{\sum_{i=1}^{N} X_i} \qquad (4-1)$$

其中，CR_n 为 X 产业中规模最大的前几位企业或组织的市场集中度，X_i 表示 X 产业中第 i 位企业的产值、销售、资产、职工人数等，N 表示 X 产业中的全部企业数，n 表示 X 产业内要统计的大规模企业数。一般情况下，n 的取值随着市场集中度程度而定，n 取值越小，说明市场集中度程度越高，通常取4或者8；在 n 值一定的情况下，CR_n 值越大，说明市场集中程度越高，市场支配势力越大，整个市场的竞争程度也就越低。

---

① 学者们对绝对集中度指标和相对集中度指标的划分有不同的见解。齐美东（2006）认为 HHI 指数为绝对集中度指标；安俊和陈志祥（2001）认为衡量一个市场集中度的高低主要有绝对法和相对法两种方法，前者主要包括行业集中度指数（CRn）、赫芬达尔指数（HHI）、海纳—凯指数（HKI）、嫡指数（EI）等，后者包括洛伦茨曲线法和基尼系数及厂商规模的对数方差。

　　产业集中度指标是衡量和测度市场集中度状况的最常用、最重要的指标。本书主要测算我国银行业中处于前四位的商业银行（中国银行、中国农业银行、中国工商银行、中国建设银行）在相应项目中所占的市场份额，即测定 CR_4 指数值，数据来自历年中国金融年鉴，各银行年度公报，以及中国银监会、中国银保监会各年度数据，经计算整理得出，具体数据如表 4 - 1 所示。

表 4 - 1　　　　　　　我国银行业市场结构 CR_4 指数一览

年份	资产	存款	贷款
2002	74.5	60.8	57.4
2003	78.1	58.3	55.9
2004	72.6	56.1	53.1
2005	72.0	57.7	52.8
2006	68.9	56.6	50.7
2007	66.5	51.4	45.3
2008	49.54	54.07	45.17
2009	49.10	52.21	45.48
2010	47.29	49.97	44.74
2011	45.25	49.22	44.75
2012	42.99	47.74	43.59
2013	41.44	45.54	43.51
2014	39.79	44.20	42.44
2015	37.71	39.50	40.48
2016	35.66	39.54	39.48
2017	35.15	38.86	38.55
2018	35.34	47.60	47.55
2019	36.53	44.03	44.53
2020	35.37	43.41	43.75
2021	35.16	42.97	43.52

　　资料来源：根据中国金融年鉴，各银行年度公报，以及中国银监会、中国银保监会各年度数据归纳整理。

根据贝恩以产业集中度为依据对产业垄断竞争程度所作的分类（见表 4 - 2），从计算得出的表 4 - 1 中的数据可知，2002 ~ 2017 年，我国银行业资产、存款和贷款三个项目的 CR_4 指标一路下滑，从极高寡占型发展到指标值逐渐小于 75 的高度集中寡占型，特别是存款和贷款的 CR_4 指标值下降幅度较大。但 2018 年后，CR_4 指标值有小幅上升。这说明处于我国前四位的大型商业银行在我国银行业市场结构中仍然居于垄断地位，2018 年之前垄断程度有减弱的趋势，之后又略有上升。

表 4 - 2　　贝恩以产业集中度为依据对产业垄断竞争程度所作的分类

类型	CR_4（%）	CR_8（%）	该产业中企业总数
极高寡占型	75 以上		1 ~ 40 家
高度集中寡占型	65 ~ 75	85 以上	20 ~ 100 家
中（上）集中寡占型	50 ~ 65	75 ~ 85	企业数较多
中（下）集中寡占型	35 ~ 50	45 ~ 75	企业数较多
低集中寡占型	30 ~ 35	40 ~ 45	企业数较多
原子型			企业数极其多，不存在集中现象

资料来源：根据理论分析归纳整理。

（2）赫芬达尔—赫希曼指数

虽然产业集中度指标由于简单易行而被广泛使用，但是也具有一些局限性，如只考虑了产业中前几位企业的规模分布情况，未能考虑产业中全部企业的规模分布，也未能反映前几位企业的个别规模情况等。赫芬达尔—赫希曼指数能够较好地弥补产业集中度指标的不足，它是反映市场集中度的综合指标，其计算公式为：

$$HHI = \sum_{i=1}^{n} \left(\frac{X_i}{X} \right)^2 = \sum_{i=1}^{n} S_i^2 \qquad (4 - 2)$$

其中，X 表示产业市场的总规模，X_i 表示产业中第 i 位企业的规模，n 表示产业内的企业总数，$S_i = X_i / X$ 表示产业中第 i 位企业的市场占有率，HHI 表示赫芬达尔—赫希曼指数。

HHI 指数实质上是产业内所有企业市场份额的平方和，因此对规模最大的前几位企业的市场份额变化反应特别敏感。HHI 指数值越大，说明市场集中度越高；相反，指数值越小，越接近于 0，说明市场竞争越激烈。当指数等于 1 时，说明市场由一家企业独占，处于完全垄断的条件下；当指数等于 0 时，说明企业数目很多，处于完全竞争的条件下；当指数等于 1/n 时，说明企业规模相同。

本书根据历年中国金融年鉴，各银行年度公报，以及中国银监会、中国银保监会各年度公报的数据计算整理得出 2008～2021 年我国银行业 HHI 指数。从表 4-3 中可知，2008～2020 年，HHI 指数总体说来有上升的趋势且绝对值接近于 0，但是指数也出现波动不定的情况，说明近几年我国银行业中的竞争有不断弱化的趋势。再观察 HHI 指数的倒数 N 值（反映了规模相等的银行数目），发现 N 值随年份下降的趋势较为明显，如在 2008 年市场中约有 3.15 家资产规模大致相当的银行或 3.49 家存款额大致相同的银行或 2.83 家贷款额大致相同的银行，它们拥有较大的市场份额和较强的控制力，而到 2021 年时，以上的数据则分别达到 3.72 家、2.68 家、2.72 家，说明其他新兴银行成长较慢，使得整个银行业市场结构中的竞争程度没有明显提高，我国银行业市场结构中存在着竞争的基本态势。

表 4-3　　　　　　　　我国银行业 HHI 指数和 N 值比较

年份	资产		存款		贷款	
	HHI	N	HHI	N	HHI	N
2008	0.3173	3.1515	0.2862	3.4943	0.3531	2.8323
2009	0.3203	3.1223	0.2979	3.3571	0.3497	2.8592
2010	0.3345	2.9896	0.3140	3.1852	0.3562	2.8078
2011	0.3517	2.8436	0.3194	3.1309	0.3562	2.8075
2012	0.3721	2.6878	0.3312	3.0189	0.3665	2.7285
2013	0.3865	2.5870	0.3494	2.8624	0.3672	2.7236
2014	0.4026	2.4836	0.3611	2.7696	0.3770	2.6523
2015	0.4240	2.3584	0.4055	2.4660	0.3958	2.5264
2016	0.4461	2.2415	0.4052	2.4680	0.4058	2.4642

年份	资产		存款		贷款	
	HHI	N	HHI	N	HHI	N
2017	0.4518	2.2136	0.4122	2.4261	0.4153	2.4082
2018	0.4496	2.2241	0.3322	3.0098	0.3323	3.0094
2019	0.4366	2.2904	0.3626	2.7578	0.3577	2.7954
2020	0.4515	2.2150	0.3683	2.7155	0.3648	2.7413
2021	0.2685	3.7239	0.3722	2.6866	0.3668	2.7259

资料来源：根据中国金融年鉴，各银行年度公报，以及中国银监会、中国银保监会各年度数据归纳整理。

（3）洛伦茨曲线与基尼系数

洛伦茨曲线和基尼系数同属于相对集中度指标。洛伦茨曲线表明市场占有率与市场中由小到大企业的累计百分比之间的关系，如图4-3所示。

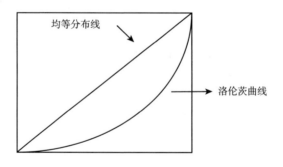

图4-3 洛伦茨曲线

在图4-3中，横轴表示按规模从最小到最大企业的数量累计百分比，纵轴表示市场占有率，即相应企业的销售额占市场销售总额的百分比。当洛伦茨曲线与图中均等分布线重合时，说明该产业内所有企业的规模完全相同；当洛伦茨曲线偏离对角线凸向右下角时，说明该产业内的企业规模不完全相同，偏离的程度越大，企业规模不均等程度越大，市场集中度越高。

基尼系数是建立在洛伦茨曲线基础之上的另一种相对集中度指标。它被定义为均等分布线（对角线）与洛伦茨曲线之间的面积，与均等分布线、横轴、侧轴构成的三角形面积的比值。基尼系数通常在 0 ~ 1 变动，当等于 1 时，表明只存在一家企业，独家垄断，当等于 0 时，表明洛伦茨曲线与对角线重合，企业规模完全相同。当基尼系数越接近 1 时，说明企业规模分布越不均匀，市场集中度越高，反之亦反。

虽然洛伦茨曲线与基尼系数能够在一定程度上反映出某产业中所有企业的规模分布状况，但是与绝对集中度指标相比，存在一定的局限性，如在两种截然不同的市场结构下会出现同样的洛伦茨曲线，抑或是当两种不同的洛伦茨曲线所围成的面积相等时会得出相等的基尼系数，这在一定程度上削弱了它们的实用性。因此，本书对银行业市场结构的判断着重关注以 CR_n 和 HHI 为代表的市场集中度指标，暂不对相对集中度指标洛伦茨曲线与基尼系数进行专门研究和探讨。

2. 市场份额

市场份额是指某个企业销售额在同一市场（或行为）全部销售额中所占的比重。一般来说，在某个市场中，企业数目越多，单个企业所占比重就越低，即市场份额越小，该市场的竞争程度就越高。在银行产业中，通常用存款比率（R_d）、贷款比率（R_l）、总资产比率（R_a）和利润比率（R_p）四个指标来衡量。单个银行指标值越大，即所占市场份额越大，垄断程度也就越高。其具体计算公式为：

R_d = 某银行存款总额/国内同期金融机构存款总额

R_l = 某银行贷款总额/国内同期金融机构贷款总额

R_a = 某银行资产总额/国内同期全部金融资产

R_p = 某银行利润总额/国内同期银行利润总额

我国五大国有控股大型商业银行市场份额情况如表 4 - 4 所示，数据经由中国银保监会 2019 年、2020 年、2021 年年报和 BankScope 数据库整理计算而来。从表 4 - 4 中可知，我国五大行在存款、贷款、总资产和利润四方面的市场份额相对比较稳定，且市场份额所占额适中，垄断特征不是非常明显，说明我国银行业市场结构中存在着竞争。

表4-4 我国部分大型商业银行市场份额一览

银行	存款比率 Rd			贷款比率 R1			总资产比率 Ra			利润比率 Rp		
	2019年	2020年	2021年	2019年	2020年	2021年	2019年	2020年	2021年	2019年	2020年	2021年
中国银行	0.09	0.09	0.09	0.10	0.10	0.10	0.08	0.08	0.08	0.10	0.11	0.10
中国农业银行	0.11	0.11	0.11	0.10	0.10	0.10	0.09	0.09	0.08	0.11	0.11	0.11
中国工商银行	0.11	0.11	0.11	0.11	0.11	0.11	0.09	0.09	0.09	0.14	0.14	0.14
中国建设银行	0.13	0.13	0.13	0.13	0.13	0.13	0.11	0.10	0.10	0.16	0.16	0.16
中国交通银行	0.04	0.03	0.03	0.04	0.04	0.04	0.03	0.03	0.03	0.04	0.04	0.04

资料来源：根据中国银保监会网站和 BankScope 数据库归纳整理。

3. 产品差异化

产品差别化是指企业在所提供的产品上，造成足以引起消费者需求偏好的特殊性，使消费者将它与其他企业提供的同类产品相区别，以达到在市场竞争中占据有利地位的目的。产品差异化致使同一产业内不同企业所生产的产品之间缺乏替代性，影响着产业内的垄断和竞争程度，是一种非价格壁垒，也是决定市场结构的重要因素之一。产品差异化一般包括三种类型：一是横向差异化，即消费者偏好不一致；二是纵向差异化，即产品在质量等级上存在明显差异，在价格水平相等时，消费者一致偏好高质量产品；三是信息差异化，即产品本质上同质，但由于信息不完全，无法支撑产品价格上的差异。

同一产业内企业所提供的用途相同或相似的产品，其差异化程度往往是不相同的。产品差异化会导致产品可替代性的减少，因此通常用微观经济学中的需求交叉弹性来度量产品差异化程度。

$$\theta_{ij} = \frac{dq_i}{q_i} / \frac{dp_j}{p_j}$$

其中，θ_{ij} 表示 i 产品需求量对 j 产品价格的交叉弹性，dq_i/q_i 表示 i 产品的需求变化率，dp_j/p_j 表示 j 产品的价格变化率。

当需求交叉弹性 θ_{ij} 大于零时，表明 i、j 两种产品具有替代关系，反之，则说明 i、j 两种产品不具有可替代性或者可替代性不完全。当 θ_{ij} 的数值越大时，说明替代程度越高，两种产品之间的差异化程度越低，反之，则说明两种产品的差异化程度较大。

货币和金融产品作为银行业主要的经营对象，表现出同质性的特征，这就使得银行业与其他产业相比具有显著的差异性。但是随着经济发展、需求推动、竞争加剧和技术进步等因素的影响，不同银行经营的金融产品和提供的服务都表现出各自的特质，存在差异化竞争。因此，作为服务业的银行业在产品差异化上主要体现在银行为居民和企业提供的服务、信息和消费者偏好等方面。

我国银行业产品差异化程度相对比较低，原因在于：第一，银行业的金融产品价格灵活度较小，相对比较固定；第二，银行业的业务具有风险特性，这种服务提供的特殊性使得消费者对资本雄厚的国有控股大型商业银行更加信赖与偏好，国有企业与国有银行也存在着天生的紧密联系，成为其固定消费群体；第三，我国对金融业分业经营进行严格管制，商业银行自身发展不充分，主要以存贷业务为主，产品供给单一。但是随着我国加入 WTO 以后，外资银行逐步引入，激烈的国际市场竞争逐步渗入，我国银行业也开始转变营销思路，积极拓展除存贷款业务外更广阔的市场空间。商业银行在细分市场方面出现了差异化竞争的趋势；在市场定位方面由经济发达地区和大中城市转向经济欠发达地区和小城镇；网络技术和研发的需求促使人力资源差异化；在零售银行业务方面，以用户至上为原则，细化、拓宽产品和服务种类，满足消费者具体的、特色的差异化需求，并积极开发智能化的高附加值产品和服务；在新业务开发方面积极发展基金托管、银证合作、资产管理等项目，进一步扩大产品差异化程度。由此可见，虽然我国银行业依旧存在着经营理念、发展战略、市场定位和产品服务等级同质化，收入结构单一化等问题，但是银行业产品差异化问题已经引起各大商业银行的重视，出现产品差异化程度加强的趋势。

4. 进入壁垒

除市场集中度和产品差异化之外，进入壁垒同样是市场结构中的主要因素之一。市场集中度和产品差异化侧重于研究产业中现有企业的数量、市场关系及竞争程度，可以说是产业组织理论中的静态分析部分，而进入壁垒侧重于考察产业中现有企业与准备进入企业间的竞争关系，反映了市场中潜在的竞争强度，可以属于产业组织理论中的动态分析部分。综合考虑市场集中度、产品差异化和进入壁垒这三方面因素，才能对市场结构的基本特征进行全面认识和掌握。

所谓进入，是指新设立的企业进入该产业，或者从事其他产业的企业进入新的产业领域。进入壁垒就是指产业内已有企业相对于新进入企业所具有的优势，或者说是准备进入或正在进入该产业的企业在进入过程中所遇到的各种不利条件或障碍。银行业进入壁垒则是指阻碍新银行企业自由进入某一特定市场的所有限制和障碍。进入壁垒的高低是市场结构的直观反映，也是影响某产业市场竞争和垄断程度的重要因素之一。

关于进入壁垒的度量，植草益（1992）提出利用经济规模占市场总规模的比例即规模市场比重来测量的规模性指标方法。其计算公式为：

规模市场比重（d）＝经济规模/市场总规模（或市场容量）×100%

其中，当d为10%~25%时，该产业为高度经济规模障碍；当d为5%~9%时，该产业为较高经济规模障碍；当d<5%时，该产业为中等或较低经济规模障碍。

除此之外，贝恩根据销售价格与平均费用的比例指标测度了美国部分产业的进入壁垒程度，被称为利润率水平指标。

进入壁垒的形成原因主要包括规模经济壁垒、必要资本量壁垒、资源占有壁垒、产品差异化壁垒、绝对费用壁垒、政策法律制度壁垒等。通常称政策法律制度壁垒为规制性进入壁垒，而其他的壁垒形式则称为经济性进入壁垒。前者具有外在强制性、差异性和非平等性的特点，致使企业的主观能动性难以充分发挥；后者具有自发性和平等性的特征，能够使新进入企业合理预期进入成本和收益，并与现有企业进行公平竞争。相对于其他产业来说，银行业作为高风险产业，由政府设置的法律、法规等政策性规制进入壁垒显得尤为突出。与其他国家相比，我国银行业的市场准入要严格得多。《中华人民共和国商业银行法》规定在我国境内设立商业银行，应当经国务院银行业监督管理机构审查批准，设立全国性商业银行的注册资本最低限额为 10亿元人民币，设立城市商业银行的注册资本最低限额为 1 亿元人民币，设立农村商业银行的注册资本最低限额为 5 千万元人民币。除高额注册资本之外，《中华人民共和国商业银行法》还从审批权限、高管人员和分支行机构设立等多层次对银行业的进入进行管制，造成我国银行业具有高程度的政策性进入壁垒，在一定程度上保护了现存商业银行的垄断地位。

因此，综合考虑我国银行业市场结构中以上各个要素的具体情况，可以得出当前我国银行业处于集中度较高时期的结论。

4.3　银行业市场结构对银行信贷渠道影响的理论分析框架

在对货币政策银行信贷渠道和银行业市场结构进行理论分析后，明确了两点：一是银行作为重要的金融中介机构、货币政策银行信贷渠道传导中的重要一环，发挥着不可替代的作用，它的贷款供给和行为直接影响着投资和产出，影响着货币政策最终传导效果；二是当前我国银行业处于垄断竞争的市场结构条件下。这两点内容看似互不关联，但其中暗含着的逻辑关系在于：众多银行的存在共同组成了银行业市场结构，市场结构的存在又决定了众多银行在整个市场结构中所处的不同地位和发挥的不同作用。我国垄断竞争的银行业市场结构势必会影响到各个银行的信贷行为，而同时，银行的信贷行为又是影响货币政策银行信贷渠道传导的最重要因素。因此，我国银行业市场结构势必会通过影响银行业的各种特征进而影响各个银行的信贷行为，最终影响货币政策银行信贷渠道的传导。

4.3.1 银行业结构特征与银行信贷渠道

由理论分析可知，若要银行信贷渠道发挥作用，一方面需要中央银行具有影响银行信贷供给发生变化的能力，另一方面需要存在足够数量和合理结构的银行对中央银行的政策具有相当的敏感性，对自身的信贷规模具有一定的控制力。然而，在市场结构下，一国往往存在着数目众多、性质各异的银行，这就难以保证每家银行对货币政策具有相同的敏感性，对信贷规模具有相同程度的控制力。在现实生活中，各个银行更多地表现出异质性特征，而这些异质性特征主要来自银行资本充足率程度的差异、流动性水平的不同和规模大小的区别。

1. 资本充足率

资本，也称资本金，是指商业银行在建立之初由投资者投入的资金，以及银行在经营活动中由税后留存收益和银行借入的次级长期债务用来转增资本的资金，它代表着投资者对商业银行的所有者权益。商业银行的资本包括股本、盈余、债务资本和储备资本，也可分为核心资本和附属资本。核心资本包括实收资本、资本公积金、盈余公积金和未分配利润，附属资本是指贷款准备金。资本充足率指资本总额对风险资产的比率，反映了商业银行在存款人和债权人的资产遭到损失之前，能以自有资本承担损失的程度。《巴塞尔协议》规定商业银行的资本标准为核心资本与风险加权资产的比率不低于4%，总资本与风险加权资产的比率不低于8%，即：

$$核心资本充足率 = \frac{核心资本}{风险加权资产} \times 100\% \geqslant 4\%$$

$$总资本充足率 = \frac{核心资本 + 附属资本}{风险加权资产} \times 100\% \geqslant 8\%$$

2004年6月正式发布的《新巴塞尔资本协议》，对原《巴塞尔协议》进行了补充和修正，提出了互为补充的最低资本要求、监管当局的监督检查和市场纪律三大支柱，建立了完整的资本监管框架，拓宽了资本充足率监管的适用范围，加强了对资本充足率的相关规定，改进了资本充足率的计算方法。修改后的资本充足率的计算公式为：

$$资本充足率 = \frac{总资本要求}{总风险加权资产} \geq 8\%$$

其中，总风险加权资产 = 信用风险加权资产 + 市场风险资本要求 × 12.5% + 操作风险资本要求 × 12.5%。

20 世纪 90 年代初，学术界开始关注资本充足率对银行和经济的影响，随着巴塞尔协议在世界范围内的广泛推广，这方面的研究更是大量出现，研究内容主要围绕资本充足率对银行信贷行为和货币政策的影响。莫迪里阿尼和米勒（Modigliani & Miller, 1958）认为，在资本市场完美的条件下，银行的资本水平对贷款没有任何影响，因为银行能够在资本市场上筹措资金以满足贷款的需求。但是 MM 理论提出完美资本市场的要求过于严格，在现实生活中很难满足假设所提出的条件。所以更普遍的观点是，由于存在信息不对称和市场不完美的条件，银行资本可能会影响银行贷款，这也是资本充足率影响银行信贷和经济的理论基础。因此，资本充足率对贷款产生影响通常基于三个基本条件：第一，资本市场不完美或者信息不完全；第二，银行的资本负债在期限方面不匹配，那么利率波动导致的市场风险将会对银行的资产负债表产生影响，在银行资本不充足的情况下势必影响贷款供给水平；第三，资本充足率最低要求对贷款产生约束，从而银行的贷款供给也将会受到约束。综观国内外相关研究发现，学者们的研究兴趣主要集中于以下两个方面。

一方面是研究在巴塞尔协议最低资本充足率的约束下，商业银行是否会为了满足监管要求而过度地收缩信贷，从而导致经济衰退。布鲁姆和赫尔维格（Blum & Hellwig, 1995）指出，银行的资本水平将影响银行贷款的增长，而且这种影响将会对经济稳定产生负面影响。戴蒙德和拉詹（Diamond & Rajan, 2000）的研究也支持了在短期内，资本约束对信贷收缩会产生显著的影响，从而对经济稳定产生负面作用。田中（Tanaka, 2002, 2003）重点讨论了新的巴塞尔协议对信贷及经济可能产生的负面影响。刘斌（2005）运用我国16家商业银行的数据，研究发现资本约束对不同银行贷款的影响程度不同，资本约束对资本相对不足的商业银行影响程度较大。此外，资本约束对贷款、产出及物价也均会产生一定的影响。郭友和莫倩（2006）指出银行体系在提高资本充足率的过程中，会以提高低风险资产的比重而代替信贷供给，这便有可能导致依赖银行信贷发展的实体部门收缩，并进而在短期内影响实体经济的总量增长。

另一方面的研究主要集中在货币政策视角，试图分析在巴塞尔协议最低资本充足率的约束下，不同资本充足率的银行对货币政策传导效果的不同影响情况。皮克和罗森格伦（Peek & Rosengren，1995）以及基山和奥皮埃拉（Kishan & Opiela，2000，2006）认为，在紧缩性货币政策的冲击下，资本不充足的银行比起资本充足的银行更容易削减它们的信贷供给，原因在于资本不充足的银行由于资金限制而没有能力获得更多的非存款性融资（non-deposit financing）。范登赫维尔（Van den Henvel，2002）对美国的实证研究表明，资本约束对贷款增长具有显著的影响，资本约束强化了货币政策的信贷传导途径。戴金平（2008）等用静态理论模型分析得出结论为：以提高资本充足率为核心的监管行为不仅有效地影响了商业银行的信贷行为和风险意识，而且强化了"逆风向行事"的货币政策的非对称效应。

2. 流动性

商业银行流动性是指银行可以满足存款人提取现金、支付到期债务和借款人正常贷款需求以及其他支付请求的能力，体现在资产和负债两个方面。商业银行提供现金满足客户提取存款的要求和支付到期债务本息，称为"基本流动性"，基本流动性加上为贷款需求提供的现金称为"充足流动性"。从理论上讲，银行保持流动性的途径主要有两条：一是银行自己在资产负债表中"存储"流动性；二是直接在金融市场上"购买"流动性。流动性水平取决于流动性供给和流动性需求，供给和需求之间的差额称为流动性缺口，它直接决定了商业银行的流动性状况（Rose，2001）。影响流动性的因素主要有存款人的平均存款规模、资金自给率水平、清算资金的变化规律、贷款经营方针、银行资产质量以及资金管理体制等。在银行的业务经营中，流动性并不是越高越好，它往往具有刚性的特点。过高的流动性会使银行失去盈利机会甚至亏损；过低的流动性则可能使银行出现信用危机、丧失资金来源、挤兑倒闭等严重问题。因此，商业银行必须保持适度合理的流动性。巴塞尔协议对商业银行的流动性问题也一直给予了相当的关注，巴塞尔委员会在《银行机构流动性管理的稳健做法》中指出："流动性管理是银行所进行的最重要的活动之一。良好的流动性管理可以降低发生严重问题的概率。"流动性作为商业银行管理的"三性"（流动性、安全性和盈利性）之一，是商业银行实现其安全性和盈利性的重要保证，是商业银行经营管理的重要目标之一。

存贷款比率（存贷比）是商业银行用来衡量银行流动性的指标之一。所谓存贷款比率，是指银行的贷款总额与存款总额之比。即：

$$存贷款比率 = \frac{各项贷款总额}{各项存款总额} \times 100\%$$

存贷款比率越高，说明负债对应的贷款资产越多，银行的流动性也就越低，表明相对于一定量的资金来源而言，银行占用在贷款上的资金越多，流动性就越差。相反，若比率越低，表明银行的流动性越高，银行还有额外的流动性，能用稳定的存款来源发放新贷款。从银行盈利的角度讲，由于目前我国银行仍以存贷利差为利润的主要来源，所以存贷比越高越好。因为存款是要付息的，如果银行的存款很多，贷款很少，就意味着成本高而收入少，盈利能力就较差。从银行抵抗风险的角度讲，存贷比例不宜过高，因为银行还要应付日常现金支取和日常结算，这就需要银行留有一定的库存现金存款准备金。所以银行存贷比率过高或过低都是不可取的，只有适中的存贷比率才表示银行对资金来源与运用的安排适当，较好地兼顾了流动性与盈利性。为了保持银行适度的流动性，我国中央银行规定存贷比率不得超过75%。但是存贷款比率在衡量银行流动性时也具有一定的缺陷，如忽视了存款、贷款各自内部项目不同的结构性差异和贷款以外其他资产对银行流动性造成的影响。

事实上，商业银行的流动性不仅依赖于内部经营管理，而且更容易受到外部宏观经济环境的影响，不仅如此，商业银行的流动性在一定程度上也会对宏观经济环境产生反作用力。对于货币政策银行信贷传导渠道来说，货币政策调控的意图即改变银行信贷供给，目的在于改变银行发放贷款的成本或可发放贷款的数量。货币政策工具如利率、存款准备金、公开市场操作等，在一定程度上都是在针对银行流动性发挥作用。同时，具有不同流动性水平的个体银行在面对货币政策冲击时也将会表现出不同的反应效果，这也就直接影响到货币政策传导的有效性问题。卡什亚普和斯坦（Kashyap & Stein，2000）和埃尔曼等（Ehrmann et al.，2003）的研究为银行的流动性特征影响货币政策提供了证据。他们都承认银行流动性会对货币政策传导产生作用，并指出，当面对紧缩性货币政策时，具有充裕流动性的银行能够通过贷款组合、关系型融资等方式抵消货币政策带来的冲击，但是缺乏流动性的银行无法这样做。因此，缺乏流动性的银行对货币政策的传导更加有效。

3. 规模

商业银行规模本身是一个内涵复杂且又比较抽象的概念，难以从理论上给予准确而又清晰的定义。一般地，商业银行规模被认定为是一个关于商业银行分支机构数量、从业人数、总资产和存贷款规模、中间业务规模、资本金规模以及市场份额等量的指标。也有学者指出，资产应该是银行规模的主要衡量指标。国际上通行的衡量银行的大小的准则也是资产规模。本章所研究的银行规模特征也以银行资产规模指标分析为主。银行的规模不仅与整个银行业市场结构集中度有关，而且还与银行业在整个国民经济中所占的份额大小相联系。从本质上讲，银行规模就是指银行资产的市场占有份额。

规模作为商业银行的一个重要特征，同样受到学者们的广泛关注，许多国外学者把银行规模特征引入货币政策银行信贷传导渠道的研究中。由于存在信息不对称的问题，在面对紧缩性货币政策时，规模小的银行将遇到比规模大的银行更严重的困难，因为规模小的银行无法通过提高非存款资金或运用其他金融市场工具来抵消货币政策冲击，它们的资产规模水平也不可能支撑足够多的贷款发放。换句话说，在实行紧缩性货币政策时，资产规模小的银行比起资产规模大的银行将会缩减更多的贷款供给（Kashyap & Stein，

1995，2000）。因此，资产规模小的银行对货币政策冲击的反应更加灵敏
（Kishan & Opiela，2000）。

4.3.2　银行业类型特征与银行信贷渠道

银行业类型特征，是指我国存在大量不同组织形式所决定的银行类型。
我国当前银行业市场结构中存在多种类型的银行，从某种意义上讲，银行业
结构特征与类型特征相辅相成。在我国当前银行业市场结构条件下，结构特
征的差异决定着拥有多种类型的银行，银行业类型的差异又必然带来结构特
征的差异。而正是因为银行间存在如此的差异，才构建了我国垄断竞争的银
行业市场结构。这些具有异质性特征的银行，由于在市场结构中所处的地位
和作用不同，在货币政策银行信贷渠道传导中发挥的作用和效果也不同。

大型商业银行具有天生的优势，因此在我国货币政策银行信贷渠道的传
导中发挥着核心作用。2021 年末，我国金融机构人民币各项贷款余额为
164.81 万亿元，五家大型商业银行各项贷款余额为 78.13 万亿元，占到金融
机构人民币各项贷款余额总数的 47.4%。图 4 - 4 具体反映了 2019 ~ 2021 年
五大行各项人民币贷款余额的具体情况。① 可以说在信贷扩张或者紧缩方面，

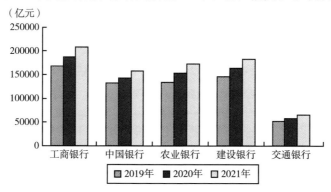

图 4 - 4　五家大型商业银行人民币各项贷款余额一览

资料来源：根据中国银保监会网站的数据归纳整理。

---

① 资料来源于中国银保监会网站。

五家大型商业银行都充当着其他商业银行"领头羊"的作用，当货币政策发生改变时，五家大型商业银行的信贷行为在一定程度上对其他商业银行起着示范带头的作用。因此，大型商业银行对我国货币政策银行信贷渠道是否有效，在很大程度上直接决定着我国货币政策整个信贷渠道的有效性。

政策性银行虽然与普通的商业银行不同，但是随着近几年的商业化转型，我国政策性银行在国民经济和货币政策传导机制中发挥的作用越来越重要。截至2021年底，我国政策性银行和开发性金融机构占我国银行业金融机构总资产的8.9%、总负债的9.0%、所有者权益的7.3%、税后利润的5.2%。在贷款方面，2021年末，政策性银行和开发性金融机构人民币各项贷款余额为24.65万亿元，占到金融机构人民币各项贷款余额总数的14.96%。图4-5具体反映了两家政策性银行、一家开发性金融机构2019~2021年各项人民币贷款余额的具体情况。

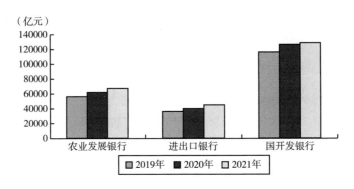

图4-5 政策性银行和开发性金融机构人民币各项贷款余额一览

资料来源：根据中国银保监会网站的数据归纳整理。

股份制商业银行虽然以利润最大化为最终经营目标，但是也同样会受到货币政策调控时带来的各方面冲击。在大型商业银行"领头羊"的带领下，股份制商业银行会紧随其后，在我国货币政策传导机制中也充当着十分重要的角色。与大型商业银行所不同的是，股份制商业银行更少地受制于国家直接控制和干预，其行为更多地表现出市场化特征，因而在对货币政策传导的过程中也存在着较大的不确定性。然而，近几年我国股份制商业银行进一步完善公司治理结构、持续深化改革、扩大网络布局、推行信贷组合管理，特别是其贷款客户更多地面向广大的中小企业，这便使得在完善我国货币政策传导机制中必须重视股份制商业银行的传导作用，尽力发挥股份制商业银行在货币政策传导中的优势。

除此之外，我国银行业市场结构中还存在着大量其他类型的银行，如城市商业银行、农村商业银行、农村合作银行、城市信用社、农村信用社和外资银行等。从货币政策传导机制的角度分析，这六种类型的银行分支机构多分布在中小城市及其农村（外资银行可除外），贷款对象多为中小型企业（特别是小型企业）和农村个人，并集中在小额信贷的发放方面，是我国货币政策传导渠道的"毛细血管"，为我国货币政策传导机制传达至最终微观群体提供了可能性，直接决定着我国货币政策在基层发挥作用的有效性。

不同类型的银行具有不同的资本充足率水平、流动性水平和规模水平，具有不完全一致的经营目标，具有不同的目标客户群体，具有与政府不同的关联程度，这也致使它们的信贷供给能力和行为出现差异性。在我国当前统一的货币政策调控中，不同类型的银行难以表现出对货币政策相同的传导速度与效果，这就需要对各种类型银行在货币政策银行信贷渠道传导中的具体作用进行深入考察。

4.3.3　银行业市场集中度、竞争与银行信贷渠道

如前所述，市场集中度是指在某一特定行业中，少数大企业控制市场份额的程度，用来衡量企业的数目和相对规模的差异，是市场势力的重要量化指标，是决定市场结构最基本、最重要的因素，集中体现了市场的垄断和竞争程度。

竞争是社会中的基本关系之一，经济学上的竞争一般是指经济主体在市场上为实现自身的经济利益和既定目标而不断进行的角逐过程，也是推动市场经济发展的推动力。

关于市场集中度与竞争的关系，传统产业组织理论认为，产业的集中度

会导致市场势力。在产业中处于前几位的大企业规模越大，集中度程度越高，就越有可能产生市场势力，从而影响竞争程度（Bain，1959）。所以一般说来，市场集中度与竞争呈负相关关系，市场集中度越高，合谋行为出现的可能性越大，则竞争程度就越低，高市场集中度通常意味着市场垄断程度高、竞争程度低。

然而对于银行业来说，作为比较特殊的产业，其市场结构呈现出不同于其他产业的特征，市场集中度与竞争之间的关系也与普通的产业很不同。由于银行业存在较高的进入壁垒程度、较低的产品差异化程度，以及政府监管部门对其经营价格和范围的监控程度较强，导致了它的市场集中度程度并不是衡量竞争程度的单一测度指标，更不能完全决定竞争程度。正是因为逆向选择在银行业中的存在，削弱了传统 SCP 框架中结构、行为、绩效三者之间的关系，从而使得 SCP 框架在银行业中的运用受到一定的限制。因此，一些学者运用新非结构性的"新产业组织理论实证方法"（new empirical industrial organization）研究银行业中市场集中度与竞争的关系，发现在银行业中，集中与竞争能够同时出现。谢弗（Shaffer，1993）以及内森和海温（Nathan & Heave，1989）对加拿大的研究为此提供了证据，他们指出银行业市场集中程度越高，竞争程度也越激烈。贝克和哈夫（Bikker & Haaf，2002）在对 23 个工业国家进行实证分析后发现，在欧洲范围内，本地银行市场和银行零售业务竞争较激烈，大银行间的竞争最激烈，其次为中型银行，小银行的竞争程度最弱。也有学者发现银行业集中程度与竞争的激烈程度并不相关（Casu & Girardone，2004）。

在认识到银行业市场结构中市场集中度与竞争这种特殊关系的同时，学者们也开始关注银行业市场集中度与竞争和货币政策传导机制之间的联系问题。如果银行之间的竞争程度低，即对银行信贷的需求弹性小，当中央银行采取宽松的货币政策时，降低利率，银行信贷利率的降低程度很小，而且反应"迟钝"；当中央银行采取紧缩性的货币政策时，有意提高利率，银行信贷利率则会迅速作出反应。反之，如果银行之间竞争程度高，则银行会在中央银行降低利率时作出迅速的反应，而在提高货币政策利率时表现出反应"迟钝"。莱昂纳多·索里亚诺·德·阿伦卡尔和马西奥·中根（Leonardo Soriano de

Alencar & Márcio I. Nakane，2004）运用一般均衡模型分析发现贷款市场的竞争程度越强，越能够放大由利率改变冲击带来的对实体经济的影响。卡恩等（Kahn et al.，2001）运用横截面数据考察了个人贷款市场和汽车信贷市场的利率行为，研究发现在个人贷款市场上，银行业集中程度越高，个人贷款利率越具有黏性，而在汽车信贷市场上，贷款利率并未表现出黏性特质。从卡恩等（Kahn et al.，2001）的研究中可以引申出更深层次的含义，即在集中度较高的银行业市场结构中，当投入成本提高时（如紧缩性货币政策提高利率水平时），贷款利率会表现出部分的黏性特征，这将在一定程度上阻碍货币政策银行信贷渠道的传导。亚当斯和阿米尔（Adams & Amel，2005）研究发现，在集中程度较高的银行市场结构中，货币政策的改变对贷款发放额的影响是非常微弱的。汉纳和伯格（Hannan & Berger，1991）发现在银行在越集中的市场中，存款利率越具有刚性，同时还发现，存款利率在上升时比下降时更具有黏性。纽马克和夏普（Neumark & Sharpe，1992）的研究支持了汉纳和伯格（Hannan & Berger，1991）的结论，发现在具有较高集中度的市场中，当投入成本改变时，存款利率升高的速度较慢，而下降的速度较快。

因此，之后的第 5 章、第 6 章、第 7 章分别从以上介绍的市场结构所决定的三方面要素对我国货币政策传导机制的影响作用进行研究，具体理论分析框架如图 4 - 6 所示。

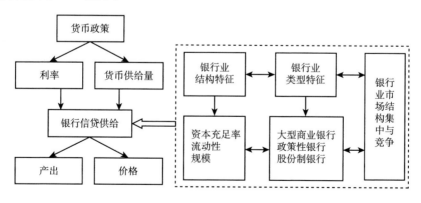

图 4 - 6　理论分析框架

资料来源：根据相关理论整理得出。

4.4 银行业市场结构对银行信贷渠道
影响的理论数理模型

通过以上对我国银行业市场结构各项指标的测定，可以得出我国银行业处于垄断竞争市场结构的结论。进一步，考虑到我国存在着多种结构和类型特征的银行，本章从银行的异质性特征出发，在借鉴和修正巴格利奥尼（Baglioni，2007）理论模型的基础上，重点分析在我国垄断竞争的银行业市场结构下，受资本充足率和存贷比双重约束的银行，在面对货币政策冲击时的反应程度。本模型的目的在于研究银行业市场结构是否会对货币政策银行信贷渠道产生影响作用的存在性问题，为下一步的实证分析提供理论铺垫。

巴格利奥尼（Baglioni，2007）运用异质性代理人的方法，按照资本充足与否把银行分为两类，分别考察在垄断竞争和寡头垄断两种不同银行市场结构情况下，以利率变动为代表的货币政策冲击如何影响资本充足银行和资本不充足银行的贷款数量。结果显示，货币政策在不同银行业市场结构中传导的效果是不一样的，在垄断竞争的市场结构下，资本充足的银行有助于货币政策传导，而在寡头垄断的市场结构下情况恰恰相反。

巴格利奥尼（Baglioni，2007）的研究为货币政策银行信贷渠道提供了新思路、新方法，在理论层面上为货币政策和产业组织理论的研究提出了创新。然而其研究是否符合我国实际，值得深入探讨。因此本书的研究借鉴和修正了巴格利奥尼（Baglioni，2007）的理论模型基本框架，相同之处在于延续使用了银行资本充足率这一约束条件，不同与创新之处在于结合我国垄断竞争的银行业市场结构现状、个体银行发展特征和货币政策运行规律，扩展了约束条件，引入存贷比这一约束，使模型的构建更加贴合我国经济现实发展情况。

1. 贷款市场

假设在贷款市场中存在 N 个银行（记作 j = 1，2，3，…，N），它们之间存在着竞争，则第 j 个银行的贷款需求函数为：

$$l_j = \alpha - \beta s_j - \gamma r_A \qquad (4-3)$$

其中，l_j 表示第 j 个银行的贷款数量，s_j 表示第 j 个银行的贷款利率与该贷款市场中平均贷款利率之差，记为 $s_j \equiv r_j - r_A$，其中 r_j 表示第 j 个银行的贷款利率，r_A 则表示平均贷款利率，即 $r_A = \frac{1}{N}\sum_{j=1}^{N} r_j$。$\alpha$、$\beta$、$\gamma$ 是为正的系数。由此可见，在某一特定的时点上，第 j 个银行的贷款数量不仅与贷款利率差 s_j 有关，还与贷款市场中的平均利率 r_A 有关。[①]

进一步假设：$\beta > \gamma$。解释如下：如果银行 j 降低了其贷款利率 r_j，即 Δr_j，将会出现两种截然相反的情况：（1）当银行 j 降低利率时，并没有带来其他银行的效仿，其他银行仍然保持着原有利率水平；（2）当银行 j 降低利率时，其他的银行也纷纷降低其利率水平 Δr_j。显然，在第一种情况下，银行 j 更容易获得更多的贷款数量，从而增加其市场份额，l_j 受 s_j 的影响程度要大于 r_A 的影响。

由以上分析可以得出贷款市场中的总贷款数量为：

$$L = \sum_{j=1}^{N} l_j = A - \Gamma r_A \qquad (4-4)$$

其中，$A = N\alpha$，$\Gamma = N\gamma$。由式（4-4）可知，总贷款数量仅仅受到平均利率 r_A 的影响，而贷款利差 s_j 对总贷款数量并不起任何作用。

2. 利率

利率不仅是货币政策宏观调控经济的重要工具之一，而且还决定着银行

---

① 贷款需求函数也可写成 $l_j = \alpha - \beta r_j + \theta r_A$，其中 $\theta = \beta - \gamma$。采用文中的函数形式目的是突出 s_j 的地位。巴格利奥尼（2007）在模型中也作了类似处理。

在借贷活动中的盈利水平。一般情况下，当利率升高时，银行收紧贷款数量；当利率降低时，银行放松贷款数量。因此，利率在货币政策银行信贷传导过程中发挥着重要的作用，记为 i。

3. 股权资本

本模型主要考察在银行业市场结构的框架下，银行个体对货币政策改变的反应，是一个典型的短期决策问题。然而股权资本水平由于银行管理层任期、管理水平和成本因素等问题，很难在短期中发生改变。因此，模型中假设股权资本是外生给定的，且在短期中固定不变，记为 E。

4. 存款

与发达资本主义国家相比，发展中国家商业银行的利润主要来自传统的存贷利率差形式。原则上讲，如果不存在任何限制，商业银行吸收的存款数与发放的贷款数应该相等。然而，为了控制商业银行的贷款风险，中央银行往往规定一定的存贷比率，限制商业银行的贷款能力和行为。但是存贷比率也不宜过高，以免造成商业银行流动性不足，从而导致盈利水平下降。目前，我国规定商业银行最高存贷比为 75%，即 $\dfrac{l_j}{D} = \dfrac{\alpha - \beta s_j - \gamma r_A}{D} \leqslant \omega$，其中 l_j 表示贷款数量，D 表示存款额，ω 表示存贷比限制率，根据我国规定 $\omega = 75\%$。同时，假定存款在短期固定不变，具有外生性。

5. 资本监管要求

在对商业银行的监管中，资本充足率是资本管理的核心指标。巴塞尔协议将资本充足率的最低标准规定为 8%，商业银行必须满足巴塞尔协议中对资本充足率的约束。因此，发放贷款的能力受到限制：$E \geqslant kl > 0$，其中，k 表示资本充足率，根据巴塞尔协议规定为 0.08。

6. 货币政策

传统的货币政策理论中通常用货币供给量的改变来代表货币政策的变

动，然而现代宏观经济学理论则认为中央银行调控货币政策的直接目标是利率。因此，本章以货币当局基准利率变化表示货币政策的改变，从而对银行的贷款行为进行考察。

4.4.1　个体银行最优信贷行为

所有的银行都希望利润最大化，而利润最大化不仅与第 j 个银行的贷款利率水平 r_j 有关，而且与在该利率水平上能够达到的贷款数量有关。不仅如此，处于垄断竞争贷款市场中的第 j 个银行，还受到该市场中平均贷款利率水平 r_A 的影响。同时，银行的贷款数量还受到所持有资本和中央银行存款准备金率的约束。因此，第 j 个银行利润最大化问题可以表示为：

$$\max_{r_j}\Pi = (r_j - i)(\alpha - \beta s_j - \gamma r_A)$$
$$\text{s. t.}$$
$$E \geqslant k(\alpha - \beta s_j - \gamma r_A)$$
$$\omega D \geqslant \alpha - \beta s_j - \gamma r_A \qquad (4-5)$$

其中，第一个约束条件是资本充足率约束；第二个约束条件是银行存贷比约束。说明商业银行所持有的资本量同时受到以上两个条件的约束，使得其贷款能力和贷款数量都受到一定的限制。

首先，令目标函数在无约束条件时的一阶偏导数等于 0，即：

$$\frac{\partial L}{\partial r_j} = \alpha - 2\beta r_j + r_A\beta - \gamma r_A + i\beta = 0$$

求得 r_j 即为目标函数在无约束条件时的最优点，记为 r^*：

$$r^* = \frac{1}{2}\left[\frac{\alpha}{\beta} + \left(1 - \frac{\gamma}{\beta}\right)r_A + i\right] \qquad (4-6)$$

其次，由于目标函数为凹函数，因此考察目标函数在约束条件下的最优值问题可以分为以下三种情况。

情形 1：

当 $E > \dfrac{1}{2}k\left[\alpha - i\beta + (\beta - \gamma)r_A\right]$ 且 $D < \dfrac{1}{2\omega}\left[\alpha - i\beta + (\beta - \gamma)r_A\right]$ 时，r^* 同时满足两个约束条件，即在 r^* 处取得最优值，如公式（4-6）所示，它也等同于：

$$r^*\left(1 - \frac{1}{\eta}\right) = i \qquad\qquad (4-7)$$

其中，$\eta = \beta\dfrac{r_j}{l_j}$。与最优值 r^* 相对应的最优贷款数量为 $l^* = \alpha - \beta s^* - \gamma r_A$（其中 $s^* \equiv r^* - r_A$）。根据公式（4-6），给定贷款市场的平均利率 r_A，对 i 求偏导，得到：

$$f = \frac{\partial r^*}{\partial i} = \frac{1}{2} \qquad\qquad (4-8)$$

公式（4-8）表示在不考虑贷款市场平均利率的条件下，当货币政策通过利率工具进行调整时，银行所表现出来的反应程度。

同样，给定货币政策改变时的利率 i，对公式（4-6）中的贷款市场平均利率 r_A 求偏导，得到银行在面对贷款市场中平均利率 r_A 改变时的反应程度：

$$c = \frac{\partial r^*}{\partial r_A} = \frac{1}{2}\left(1 - \frac{\gamma}{\beta}\right) \qquad\qquad (4-9)$$

根据前面的假设可知 $\beta > \gamma$，因此可得 $c > 0$。公式（4-9）体现了在垄断竞争市场结构下，银行间存在"战略互补"的行为，第 j 个银行如何调整自身的利率战略以适应贷款市场中平均利率的改变。

为了研究货币政策改变对个体银行行为影响的总效应，公式（4-6）可以改写为：

$$r^* = g(i, r_A) = g[i, r_A(i)] \qquad\qquad (4-10)$$

其中，$r_A(i)$ 表示平均贷款利率为利率 i 的函数。公式（4-10）使得个体银行的利率最优值 r^* 与货币政策利率 i 之间的关系更加明确。再对 i 求导得：

$$\frac{dr^*}{di} = g_1 + g_2 \frac{dr_A}{di} = f + c \frac{dr_A}{di} \qquad (4-11)$$

公式（4-11）揭示了货币政策的改变对个体银行贷款行为的冲击主要表现在两个方面：第一个方面表现为"直接效应"，即个体银行通过改变自己的相对价格（s_j）以此来应对货币政策利率的改变，用 f 来衡量；第二方面则表现为"非直接效应"，也被称作"模仿效应"，是垄断竞争市场结构下战略互补的体现，具体表现为当第 j 个银行为了适应货币政策的改变而改变自身的利率水平时，其他银行也纷纷效仿，对自身利率作出相同的改变，此时贷款市场中的平均利率也随之发生了改变，促使原本不愿改变自身利率的第 j+1 个银行也不得不根据平均利率水平改变自身的利率，也可以理解为，其他银行对于货币政策的反应影响着银行 j 的反应，c 准确地衡量出"模仿效应"的程度。

情形 2：

当 $D > \frac{1}{2\omega} \left[\alpha - i\beta + (\beta - \gamma) r_A \right]$ 时，r^* 不满足约束条件 $\omega D \geq \alpha - \beta s_j - \gamma r_A$，此时最优点在上边界点 r_H 处取得，即：

$$r_H = \frac{1}{\beta}(\alpha - \omega D) + \left(1 - \frac{\gamma}{\beta}\right) r_A \qquad (4-12)$$

从公式（4-12）中可以看出，r_H 不依赖于利率 i，说明当不满足存贷比约束条件时，在面对货币政策改变的情形时，银行投放更多的贷款会加大经营风险。

此时：

$$f_H = \frac{\partial r_H}{\partial i} = 0 \qquad (4-13)$$

公式（4-13）表明当银行的存贷比高于央行规定的上限时，贷款数量与存款数量的差额逐渐缩小，存款带来的资金成本逐渐减少，银行的盈利能力逐渐增强。在利润最大化目标的驱使下，银行愿意不改变利率而尽可能多地发放贷款。因此，当货币政策利率 i 改变时，由于过高的存贷比而加大了资金风险，银行资金的流动性受到限制，不足以应对货币政策改变时的冲击，利率价格也不会因此发生改变，在定价方面表现出"真实刚性"，所以对货币政策的传导无效。

另外，通过公式（4-12）还可以得到：

$$c_H = \frac{\partial r_H}{\partial r_A} = 1 - \frac{\gamma}{\beta} \qquad (4-14)$$

公式（4-14）表示不满足存贷比约束条件的银行间"战略互补"程度。因为假设 $\beta > \gamma > 0$，所以 $0 < c_H < 1$，可以看出不满足存贷比约束条件的银行间表现出正的"战略互补"效应。为了尽可能减少存款带来的资金成本，实现利润最大化，银行要在保持其相对价格 s_H 固定不变的条件下，尽最大可能使存款转变为贷款。当货币政策的改变影响到贷款市场中的平均利率时，由于较高的存贷比限制了银行资金的流动性水平，银行必须通过调整自身的利率水平以维持利润的最大化程度。假设当平均利率的变化率下降时，即 $\Delta r_A < 0$，存贷比率较高的银行将随之增加利差 s_H，以补偿由于 r_A 增长率的下降而引起的利润减少。但是由于 $\beta > \gamma$，说明贷款数量更容易受到 s_H 的影响而非 r_A，所以当 $\Delta s_H < -\Delta r_A$ 时足以保持贷款数量为常数，意味着银行将降低自己的利率，因此 $c_H > 0$。

所以，可以得到情形2下货币政策冲击对银行贷款行为的总效应为：

$$\frac{dr_H}{di} = c_H \frac{dr_A}{di} \qquad (4-15)$$

从公式（4-15）中可以看到，与情形1相比，总效应并没有同时受到"直接效应"和"非直接效应"的影响，而只有"非直接效应"的"模仿效应"起作用。

情形3：

当 $E < \frac{1}{2} k [\alpha - i\beta + (\beta - \gamma) r_A]$ 时，r^* 不满足约束条件 $E \geq k(\alpha - \beta s_j - \gamma r_A)$，此时最优点在下边界点 r_L 处取得，即：

$$r_L = \frac{\alpha}{\beta} - \frac{E}{k\beta} + \left(1 - \frac{\gamma}{\beta}\right) r_A \qquad (4-16)$$

从公式（4-16）中同样可以看出，r_L 的变动也不依赖于利率 i，说明当银行不满足资本充足率约束时，银行资本不充足，在面对货币政策改变的情形下，银行的个体贷款行为受到限制。此时：

$$f_L = \frac{\partial r_L}{\partial i} = 0 \qquad (4-17)$$

需要指出的是，资本不充足的银行，在调控贷款数量方面缺乏灵活性，贷款数量往往固定不变。为了保持利润最大化，资本不充足的银行也不希望改变利差 s_j。因此，当货币政策利率 i 改变时，并不能引起资本不充足银行价格行为的变化。此时的资本不充足银行在定价方面表现出"真实刚性"。总之，在资本不充足的情况下，无论是单个银行还是其他所有的银行，对货币政策的冲击都不作出任何反应。

另外，通过公式（4-16）对 r_A 求偏导可以得出：

$$c_L = \frac{\partial r_L}{\partial r_A} = 1 - \frac{\gamma}{\beta} \qquad (4-18)$$

公式（4-18）表示资本不充足银行间的"战略互补"程度。由于假设 $\beta > \gamma > 0$，所以 $0 < c_L < 1$，可以看出资本不充足银行间表现出正的"战略互补"效应。为了达到利润最大化，资本不充足的银行必须保持其相对价格 s_L 固定不变，即要求 $\Delta r_L = \Delta r_A$，同时确保其贷款数量保持在一定数量水平上不变。若货币政策利率的改变影响到贷款市场中平均利率水平的变化时，银行必须及时调整自身利率以保持利差 s_L 的相对稳定。假设当平均利率的变化率下降时，即 $\Delta r_A < 0$，资本不充足银行将随之增加利差 s_L，以补偿由于 r_A 增长率的下降而带来的贷款数量的减少。但是由于 $\beta > \gamma$，说明贷款数量更容易受到 s_L 的影响而非 r_A，所以当 $\Delta s_L < -\Delta r_A$ 时足以保持贷款数量为常数，意味着银行将降低自己的利率，因此 $c_L > 0$。[1]

---

[1]　换句话说，如果银行坚持不改变其利率，以至于 $\Delta s_L = \Delta r_A$，贷款数量将减少。

所以，可以得到情形3下货币政策冲击对银行贷款行为的总效应为：

$$\frac{dr_L}{di} = c_L \frac{dr_A}{di} \qquad (4-19)$$

从公式（4-19）可以看到，与情形2相似的是，总效应并没有同时受到"直接效应"和"非直接效应"的影响，而只有"非直接效应"的"模仿效应"起作用。

4.4.2 银行信贷市场总体均衡

以上分析主要针对贷款市场中的单个银行在面对货币政策冲击时的反应情况。然而，在现实的贷款市场中存在着大量的个体银行，它们的行为在特定的市场结构下相互影响。本章特别要考察在垄断竞争的市场结构下，银行间通过"战略互补"等竞争行为如何应对货币政策冲击。因此，以下分析首先考察一些极端情况，再扩展到多种类型的银行同时存在于同一市场结构中的混合均衡情况。

均衡1：假设贷款市场中的所有的银行都同时满足资本充足率和存贷比两个约束条件。

在垄断竞争的市场结构下，假设贷款市场中所有的银行都满足两个约束条件，且它们都是同质的，也就是说它们具有相同的贷款利率 r^*，意味着 $r^* = r_A$。通过公式（4-11）可以得到：

$$\frac{dr_A}{di} = f + c \frac{dr_A}{di}$$

即均衡1为：

$$\frac{dr_A}{di} = \frac{f}{1-c} \qquad (4-20)$$

由以上分析得知 $c > 0$，因此 $\frac{dr_A}{di} > f$。

通过均衡 1 可以得出以下两个结论：（1）通过银行传导的货币政策银行信贷渠道是存在的，货币政策的冲击能够改变贷款市场的均衡，公式（4－20）体现了货币政策冲击的总量，当央行实行扩张性的货币政策时，利率 i 降低，贷款供给量增加，银行则降低自身利率以增加贷款数量，从而达到利润最大化；（2）货币政策冲击在贷款市场中的总效应大于个体银行对货币政策改变的反应程度 f，原因在于垄断竞争的市场结构决定了银行间在价格竞争方面表现出的"战略互补"特征，以此带来的"模仿效应"使得银行对货币政策冲击的反应产生"乘数作用"。

均衡 2：假设所有的银行都不满足存贷比的约束条件：$\omega D \geq \alpha - \beta s_j - \gamma r_A$。

假设在贷款市场中，所有的银行都不满足银行存贷比的约束条件 $\omega D \geq \alpha - \beta s_j - \gamma r_A$，即所有银行的存贷比水平都大于央行规定的一定比率，贷款数量与存款数量的差额很小，银行的流动性受到限制，再贷款能力也受到制约。若所有的银行都是同质的，则它们具有相同的贷款利率 r_H，因此可知 $r_H = r_A$。根据公式（4－15）可得：

$$\frac{dr_A}{di} = c_H \frac{dr_A}{di}$$

即均衡 2 为：

$$dr_A / di = 0 \qquad\qquad (4-21)$$

均衡 2 表明当贷款市场中所有的银行都具有相当高的存贷比时，货币政策通过银行业的传导表现出无效性。具体地讲，当货币政策利率 i 发生改变时，具有较高存贷比率的第 j 个银行不会改变自身的利率，即如公式（4－13）所示 $f_H = 0$，又因为银行业处于垄断竞争的市场结构下，其他银行会模仿第 j 个银行的战略而不改变自身利率水平，这样，货币政策的改变对整个银行业不产生任何冲击。

均衡 3：假设所有的银行都不满足资本充足率的约束条件：$E \geq k (\alpha - \beta s_j - \gamma r_A)$。

假设在贷款市场中，所有的银行都不满足资本充足率的约束条件 $E \geq$

k（$\alpha - \beta s_j - \gamma r_A$），即所有银行的资本都是不充足的。所有的银行也是同质的，它们具有相同的贷款利率 r_H，因此可知 $r_H = r_A$。根据公式（4-17）可得：

$$\frac{dr_A}{di} = c_L \frac{dr_A}{di}$$

即均衡3为：

$$dr_A / di = 0 \qquad\qquad (4-22)$$

均衡3表明当贷款市场中所有的银行都是资本不充足时，通过银行业传导的货币政策表现出无效性。具体地讲，当货币政策利率 i 发生改变时，资本不充足的第 j 个银行不会改变自身的利率，即如公式（4-17）所示 $f_L = 0$，又因为银行业处于垄断竞争的市场结构下，其他银行会模仿第 j 个银行的战略而不改变自身利率水平，这样，货币政策的改变对整个银行业不产生任何冲击。

均衡4：假设贷款市场中有且仅有情形1、情形2和情形3中涉及的三种银行，且这三种不同类型的银行同时存在于同一个贷款市场中。

在讨论过极端市场情况的基础上，现在开始假设贷款市场中同时拥有情形1、情形2和情形3中所包括的三种不同类型的银行，研究它们在贷款市场中相互影响、相互竞争的贷款行为在货币政策改变时的综合反应程度。因此，也称之为异质性银行的"混合均衡"。

由均衡1、均衡2、均衡3可知 $r_A = r^* = r_L = r_H$，因此可知 $r_A = u_1 r_L + u_2 r_H + (1 - u_1 - u_2) r^*$，通过公式（4-11）、公式（4-15）和公式（4-19）得到：

$$\frac{dr_A}{di} = u_1 \frac{dr_L}{di} + u_2 \frac{dr_H}{di} + (1 - u_1 - u_2) \frac{dr^*}{di}$$

$$= u_1 c_L \frac{dr_A}{di} + u_2 c_H \frac{dr_A}{di} + (1 - u_1 - u_2)\left(f + c\frac{dr_A}{di}\right) \qquad (4-23)$$

由公式（4-9）、公式（4-14）、公式（4-18）可得 $2c = c_H = c_L$，因此混合均衡为：

$$\frac{dr_A}{di} = (1 - u_1 - u_2) \frac{f}{1 - c(1 + u_1 + u_2)} \tag{4-24}$$

公式（4-24）全面真实地衡量出货币政策冲击对贷款市场的影响程度，从中可以明显地看出，处于垄断竞争市场结构下的 N 个银行，由于存在不同程度的"战略互补"和由此带来的"模仿效应"（$c_H = c_L > c$），满足约束条件情形 1 中的贷款市场对货币政策冲击的反应程度更加强烈，不满足约束条件的情形 2 和情形 3 中的贷款市场可能会歪曲或者低估货币政策冲击效果。

综上所述，货币政策银行信贷渠道只有在银行同时满足资本充足率和存贷比要求的情况下存在，银行间价格竞争的"战略互补"效应和由此带来的"模仿效应"取决于垄断竞争的市场结构，从而促使货币政策冲击下银行业产生"乘数作用"，相较于个体银行的反映，贷款市场的总效应远大于其加和反应效应。然而，银行无法满足资本充足率或存贷比标准时，即使存在"模仿效应"，货币政策银行信贷渠道呈现无效性。

4.5　本章小结

本章主要分析了货币政策传导机制和银行业市场结构的相关理论概念，并在此基础上特别研究了银行信贷渠道的作用机理和我国银行业市场结构目前所处的基本类型。之后，构建了本书的一个理论分析框架，即从反映我国银行业市场结构的银行业结构特征、类型特征和集中与竞争程度三个方面研究对货币政策银行信贷渠道的影响作用问题。并且，通过构建贷款市场总体均衡模型，对我国垄断竞争银行业市场结构背景下的货币政策银行信贷渠道的传导机制进行了研究，发现当贷款市场中的银行同时满足资本充足率和存贷比要求时，通过银行传导的货币政策银行信贷渠道存在。另外，由于垄断竞争的市场结构决定了银行间在价格竞争方面表现出的"战略互补"特征，并且由此带来的"模仿效应"使得银行业对货币政策冲击的反应产生"乘数作用"，因此货币政策冲击在贷款市场中的总效应要大于个体银行对货币政策反应程度的简单加和。然而，当贷款市场中的银行不能满足资本充足率或存贷比要求时，同样是由于"模仿效应"的存在，此时通过银行传导的货币政策银行信贷渠道则表现出无效性。

银行业结构特征对银行信贷
渠道影响的实证分析

在建立了以上理论分析框架的基础上，本书的第 5 章、第 6 章、第 7 章将着重从实证角度验证我国银行业市场结构是否对我国货币政策银行信贷传导渠道产生影响，以及影响程度如何等问题。本章重点研究在我国银行业垄断竞争的市场结构下，处于不同市场地位中的银行在受到资本充足率、流动性、规模结构特征约束时对货币政策银行信贷传导渠道所发挥的作用。

5.1　影响银行信贷渠道的主要银行业结构特征

5.1.1　资本充足率特征

近几年来，我国银行业金融机构不断强化资本管理，积极调整资产结构，适度控制风险资产增长速度。2006 年底，我国商业银行资本充足率达到 8% 监管要求的有 100 家，比 2005 年增加 47 家；资本充足率达标银行资产占商业银行总资产的比重为 77.4%。2007 年底，银行业金融机构整体加权平均资本充足率 8%，首次达到国际监管水平。商业银行加权平均资本充足率 8.4%，达标银行 161 家，比 2006 年增加 61 家；达标银行资产占商业银行总资产的 79.0%。2008 年底，商业银行整体加权平均资本充足率为 12%，比上年提高 3.7 个百分点，已经超过国际监管水平；达标银行 204 家，比上年增加 43 家，未达标银行仅 1 家；达标银行资产占商业银行总资产的 99.9%。截至 2009 年第一季度，我国资本充足率达标商业银行共 208 家，占商业银行总数的 98%，达标资产占比 99.9%。而在 2003 年时，资本充足率达标银行只有 8 家，占比仅为 0.6%。① 近年来，我国商业银行资本充足率水平不断上升，截至 2021 年末，我国商业银行资本充足率为 15.13%，我国商业银行资本充足率已全部达标。表 5 - 1 所示为我国商业银行 2019 ~ 2021 年的资本充足率和核心资本充足率情况。

表 5 - 1　　　　　　　　　我国商业银行资本充足率情况　　　　　单位:%

项目	2019 年	2020 年	2021 年
资本充足率	14.64	14.70	15.13
核心资本充足率	10.92	10.72	10.78

资料来源：根据中国银保监会网站数据归纳整理。

5.1.2　流动性特征

近几年来，我国银行业总体流动性水平基本控制在适度范围内，流动性保持充裕，存贷比有微弱下降趋势，如图 5 - 1 所示。2006 年，根据中国银监会统计数据，国有商业银行存贷比为 60.9%，流动性比例为 54.9%，分别比 2005 年下降了 0.6 个百分点和上升了 11.6 个百分点；股份制商业银行存贷比 74.2%，流动性比例为 52.1%，分别比 2005 年上升了 0.9 个百分点和 2.1 个百分点。2007 年，受紧缩货币政策影响，银行业金融机构的流动性水平有所收紧并呈现一些结构性差别，但整体流动性水平仍保持稳定。截至 2007 年底，银行业金融机构存贷比为 69.3%，低于 75% 的监管要求 5.7 个百分点；主要商业银行流动性比例年末为 36.3%，人民币超额备付率为

---

① 资料来源于中国银监会网站。

3.0%。2008 年底，我国银行业金融机构流动性比例 50.07%，存贷比 69.2%。全部商业银行流动性比例均达到 25% 以上的监管标准，流动性管理水平总体上升。但是，在适度宽松的货币政策大背景下，我国银行业存贷比率出现攀高趋势。截至 2009 年底，股份制银行的存贷比维持在较高水平，其中深发展银行存贷比高达 79.14%，兴业银行、民生银行 2009 年存贷比分别为 77.88% 和 76.77%，均已超过存贷比 75% 的监管红线。2010 年一季度末，民生银行、兴业银行、深圳发展银行、中信银行、招行银行、浦发银行 6 家上市银行的存贷比均超过了 75% 的监管标准，其中民生银行的存贷比更高达 83.3%。2017 年我国银行业金融机构存贷比为 70.55%，流动性比例为 50.03%。2018 年我国商业银行存贷比为 74.34%，流动性比例为 55.31%。2019 年我国银行业存贷比上升至 75.4%，超过了 75% 的监管标准，流动性比例为 58.46%。疫情之后，我国银行业存贷比率不断攀升，截至 2021 年末，我国商业银行存贷比为 79.69%。

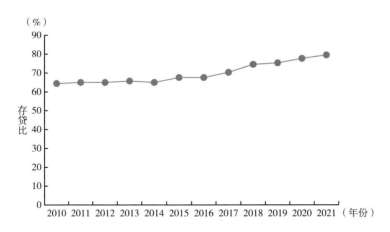

图 5 - 1　2010～2021 年我国银行业存贷比情况

资料来源：根据中国银监会和中国银保监会网站数据归纳整理。

5.1.3　规模特征

近几年来，我国银行业资产规模始终保持着较快的增长，如表 5 - 2 所示。从 2017 年开始，我国银行业金融机构的总资产以每年不低于 6.3% 的速度增长，可见发展势头良好。银行业总资产规模的不断扩大，也说明银行业作为我国金融体系的核心，在我国国民经济发展中占据着不可动摇的重要地位，为我国经济发展作出了突出的贡献。

表 5 - 2 　　　　　　　　我国银行业金融机构总资产情况

项目	2017 年	2018 年	2019 年	2020 年	2021 年
总资产（亿元）	2524040	2682401	2825146	3197417	3447606
比上年同期增长率（%）	8.7	6.3	8.1	10.1	7.8

资料来源：根据中国银监会和中国银保监会网站数据归纳整理。

随着银行业金融机构资产规模的变化，我国银行业市场份额也随之发生改变。从机构类型看，资产规模较大的依次为：大型商业银行、股份制商业银行和农村合作金融机构，三类机构资产占银行业金融机构资产的份额分别为 40.27%、17.86% 和 12.83%（2019 年底），40.2%、18.1% 和 13.0%（2020 年底），40.1%、18.0% 和 13.3%（2021 年底）。① 总体说来，大型商业银行的份额有所下降，股份制商业银行、农村合作金融机构、城市商业银行和城市信用社、外资银行资产占比上升较快，中小商业银行市场份额逐步扩大。图 5 - 2 为 2017 ~ 2021 年大型商业银行、股份制商业银行、城市商业银行、农村金融机构、其他类金融机构总资产情况对比。

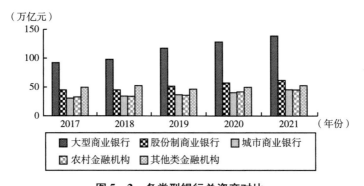

图 5 - 2　各类型银行总资产对比

资料来源：根据中国银监会和中国银保监会网站数据归纳整理。

---

① 资料来源于中国银保监会网站。

5.2　计量模型设定

在以资本充足率、流动性和规模三个典型因素作为银行业结构特征，研究具有不同特征的银行对货币政策银行信贷渠道传导效果的文献中，卡什亚普和斯坦（Kashyap & Stein，1995）在 1995 年的研究堪称经典。他们的研究不仅开创了从银行业特征角度研究货币政策银行信贷渠道的先河，而且研究方法更是得到了广泛的借鉴和运用，成为之后国外很多相关文献的研究基础。特别是卡什亚普和斯坦（Kashyap & Stein，1995，2000）采取的实证方法、思路和计量模型，更是得到了广泛传播，国外很多学者纷纷运用和修正他们的计量模型来检验不同国家的实际情况。由于本章的研究内容可谓是对卡什亚普和斯坦（Kashyap & Stein，1995，2000）研究的补充和延续，是在借鉴他们的研究的基础上，对我国银行业特征对货币政策银行信贷渠道传导效果的考察，因此，本章的实证计量模型仍然遵循卡什亚普和斯坦（Kashyap & Stein，1995，2000）的成果，并综合考虑马图斯克和萨兰蒂斯（Matousek & Sarantis，2008）的计量模型进行最终确定。

马图斯克和萨兰蒂斯的计量模型也是在卡什亚普和斯坦（1995）模型基础上发展而来的。具体形式如公式（5 - 1）所示：

$$\Delta\log(L_{i,t}) = \alpha_i + \sum_{j=1}^{t}\beta_j\Delta\log(L_{it-1}) + \sum_{j=0}^{t}\chi_i\Delta R_{t-j} + \sum_{j=0}^{t}\delta_i\Delta(GDP_{t-j})$$
$$+ \sum_{j=0}^{t}\varphi_i\Delta(CPI_{t-j}) + \mu_i(own)_t + \sum_{j=0}^{t}\psi_i z_{it-1} + \sum_{j=0}^{t}\gamma_i z_{it-1}\Delta R_{t-j} + \varepsilon_{it}$$

$$(5 - 1)$$

其中，$i = 1$，$\cdots$，N，表示不同银行；$t = 1$，$\cdots$，T，表示不同的时期；l 表示滞后期数。L_{it} 表示个体银行 i 在 t 时期的贷款数量；ΔR_{t-j} 是短期名义利率的一阶差分，用以表示货币政策传导机制的代理指标；ΔGDP_{t-j} 和 ΔCPI_{t-j} 分别代表 GDP 增长率和通货膨胀率；银行业资本充足率、流动性和规模特

征由向量 Z_{it} 表示。在如公式（5-1）的计量模型中，马图斯克和萨兰蒂斯（Matousek & Sarantis，2008）引入了虚拟变量 own，用于区分内资银行和外资银行对货币政策信贷渠道是否具有不同的影响，当 own = 1 时，代表内资银行，当 own = 0 时，表示外资银行。

基于此，本章结合卡什亚普和斯坦（Kashyap & Stein，1995，2000）的思想以及马图斯克和萨兰蒂斯（Matousek & Sarantis，2008）的模型，得出适合于本书研究目的的计量模型如公式（5-2）所示，称之为模型 1：

$$\ln L_{it} = \alpha_i + \sum_{j=1}^{l} \beta_i \ln L_{i(t-j)} + \sum_{j=0}^{l} \chi_i r_{t-j} + \delta z_{i(t-1)} + \sum_{j=0}^{l} \gamma_i [r_{t-j} \times z_{i(t-1)}]$$
$$+ \sum_{j=0}^{l} \phi_i (CPI_{t-j}) + \sum_{j=0}^{l} \eta_i (GDP_{t-j}) + \varepsilon_{it} \qquad (5-2)$$

其中，i = 1，…，N，表示不同银行；t = 1，…，T，表示不同的时期；l 表示滞后期数。借鉴吉姆博恩（Jimborean，2009）的处理，此处滞后期选择为 1 期。L_{it} 表示个体银行 i 在 t 时期的贷款数量；r 是利率，表示货币政策冲击变量；z 表示银行特征变量，分别代表资本充足率、流动性和规模；CPI 和 GDP 表示货币政策最终效果变量，分别为居民消费价格指数和国内生产总值。α_i 为个体银行影响效果，ε_{it} 为误差项。本章所采用的计量模型如公式（5-2）与马图斯克和萨兰蒂斯（Matousek & Sarantis，2008）的计量模型如公式（5-1）的最大差别在于公式（5-2）未包括各个变量的差分项。这样处理的原因在于本章所选取的样本纵向长度有限，由于对数差分后的指标基本上反映的是增长率变动情况，因此，以增长率代替对数差分形式。

同时，为了更深入地研究我国银行业市场结构对货币政策银行信贷渠道的影响作用，本章的研究借鉴马图斯克和萨兰蒂斯（Matousek & Sarantis，2008）计量模型中虚拟变量的设定，引入虚拟变量 dum，以此反映我国具有不同银行业特征的中资银行和外资银行是否对货币政策银行信贷渠道产生不同影响，如公式（5-3）所示，称为模型 2。德哈斯和莱利维尔德（De Haas & Lelyveld，2006）曾发现在中东欧国家中，外资银行能够对贷款供给产生稳定性的作用。

$$\ln L_{it} = \alpha_i + \sum_{j=1}^1 \beta_i \ln L_{i(t-j)} + \sum_{j=0}^1 \chi_i r_{t-j} + \delta z_{i(t-1)} + \sum_{j=0}^1 \gamma_i \left[r_{t-j} \times z_{i(t-1)} \right]$$
$$+ \mu_i(dum)_t + \sum_{j=0}^1 \phi_i(CPI_{t-j}) + \sum_{j=0}^1 \eta_i(GDP_{t-j}) + \varepsilon_{it} \qquad (5-3)$$

其中，dum 为虚拟变量，当 dum = 1 时，代表中资银行，当 dum = 0 时，代表外资银行。其他变量内涵同公式（5－2）中所示。

除此之外，考虑到本章样本数量和时期的选取限制，对模型的滞后期选择进行变更，希望以此发现更适合我国实际情况的模型设置。因此，考虑剔除各解释变量的滞后项，模型设定为公式（5－4）所示，称之为模型 3：

$$\ln L_{it} = \alpha_i + \beta_i \ln L_{it} + \chi_i r_t + \delta_i z_{i(t-1)} + \gamma_i \left[r_t \times z_{i(t-1)} \right]$$
$$+ \phi_i(CPI_t) + \eta_i(GDP_t) + \varepsilon_{it} \qquad (5-4)$$

与公式（5－4）相对应的加入虚拟变量的模型设定为如公式（5－5）所示，称之为模型 4：

$$\ln L_{it} = \alpha_i + \beta_i \ln L_{it} + \chi_i r_t + \delta z_{i(t-1)} + \gamma_i \left[r_t \times z_{i(t-1)} \right]$$
$$+ \mu_i(dum)_t + \phi_i(CPI_t) + \eta_i(GDP_t) + \varepsilon_{it} \qquad (5-5)$$

在计量模型中，对于银行业特征的资本充足率、流动性和规模三个指标需要特别计算。而目前文献中采用最多的计算方法正如公式（5－6）、公式（5－7）、公式（5－8）所示，因此，本章亦延续此种做法。

$$S_{it} = \log A_{it} - \frac{1}{N_t} \sum_i \log A_{it} \qquad (5-6)$$

$$Liq_{it} = \frac{L_{it}}{A_{it}} - \frac{1}{T} \sum_t \left(\frac{1}{N_t} \sum_i \frac{L_{it}}{A_{it}} \right) \qquad (5-7)$$

$$Cap_{it} = \frac{C_{it}}{A_{it}} - \frac{1}{T} \sum_t \left(\frac{1}{N_t} \sum_i \frac{C_{it}}{A_{it}} \right) \qquad (5-8)$$

其中，规模（S_{it}）用总资产（A_{it}）取对数进行调整来表示，流动性（Liq_{it}）用流动性资产（一般包括现金、银行间同业借贷和证券）与总资产之比进行调整来表示，资本充足率（Cap_{it}）用资本及储备与总资产之比来表示。以上三个特征变量都被进行了正规化处理，目的在于使得在相应时期内所有横截面上的观测值的指标总和为 0，这也就意味着对于公式（5 – 2）或公式（5 – 3）来说，交互项 $r_{t-j} \times z_{i(t-1)}$ 的均值总是 0，系数 γ_j 便可以直接反映货币政策冲击对贷款的平均影响效应。

5.3 实证检验分析

5.3.1 GMM 方法介绍

面板数据是对不同时刻的截面个体作连续观测所得到的多维时间序列数据，它兼顾了截面数据和时间序列数据的优点，能够同时反映研究对象在截面和时间单元两个方向上的变化规律及不同时间、不同单元的特性，因此能够更加综合利用样本信息，使研究更加深入，也可以减少多重共线性带来的影响。目前，在对面板数据进行实证分析时，由阿雷拉诺和邦德（Arellano & Bond，1991）最早提出的广义矩估计（GMM）方法被广泛采用。广义矩估计方法是基于模型实际参数满足的一些矩条件而形成的一种参数估计方法，是矩估计方法的一般化。GMM 方法的基本估计原理是对估计方程进行一阶差分，以此去掉固定效应的影响，并同时用解释变量的滞后变量作为差分变量的估计变量。因此，GMM 方法能够提供一种更为有效和一致的参数估计，它通过修正回归方程误差项的协方差矩阵来有效地克服解释变量内生性问题（Holtz-Eakin et al.，1988；Levine et al.，1999），允许随机误差项存在异方差和序列相关，从而降低估计结果产生偏误的可能性，估计的结果将在统计上更加有效，参数估计量也更加符合实际。

本章所选取的数据，变量相对较多，横截面单位数量众多，远远大于时间序列跨度。因此，基于数据选取的特征、研究意图和计量模型设定，再加之借鉴参考相关经典文献的实证方法选取，本章最终确定以 GMM 估计方法来进行实证检验，力求增强模式检验结果的可信性和有效性。

5.3.2　变量选取与数据处理

为了揭示统一货币政策实施对具有不同结构特征银行的短期动态效应，并考虑到数据的可获得性，本章研究采用年度面板数据，样本期间为 2004 ~ 2019 年，横截面样本包括了大型商业银行、股份制商业银行、城市商业银行和外资银行在内的共 57 家银行[①]构成的银行业市场。其中有些银行的相关年份数据因为缺失而无法获得，所以未统计在内，但对于整体回归结果和意义不会产生太大的影响。

关于被解释变量的贷款，以各个银行在不同时期的年度贷款余额并取对数取得。关于解释变量，利率（r）选取的是金融机构人民币贷款基准利率六个月至一年（含一年）的年利率，代表货币政策的调整；GDP 选取国内生产总值指数（上年 = 100）为代表，CPI 选取居民消费价格指数（上年 = 100）为代表，两者共同反映对信贷需求方面的作用；规模用总资产取对数进行调整得出，流动性（Liq_{it}）用流动性资产（存款与短期资金）与总资产之比进行调整计算得出，资本充足率（Cap_{it}）用所有者权益及其他储备与总资产之比进行调整计算得出。

5.3.3　数据来源与统计描述

本章实证中所选用银行业结构特征数据和贷款数据均来自 Bankscope 数

①　面板数据中所包括的横截面银行样本包括：中国工商银行、中国农业银行、中国建设银行、中国银行、交通银行、中国农业发展银行、中国进出口银行、国家开发银行、中信银行、上海浦东发展银行、恒丰银行、光大银行、招商银行、民生银行、浙商银行、华夏银行、广州发展银行、平安银行（深圳发展银行）、北京银行、成都银行、重庆银行、大连银行、江苏银行、杭州银行、锦州银行、南京银行、宁波银行、宁夏银行、青岛银行、日照银行、上海银行、天津银行、温州银行、哈尔滨银行、徽商银行、长沙市商业银行（2018 年更名为长沙银行）、东莞银行、汉口银行、兴业银行、南昌市商业银行（2015 年更名为江西银行）、齐鲁银行、厦门市商业银行（2009 年更名为厦门银行）、西安市商业银行（2010 年更名为西安银行）、烟台银行、上海农村商业银行、东亚银行、汇丰银行、华一银行、厦门国际银行、宁波国际银行、新韩银行、渣打银行、大华银行、永亨银行、友利银行、法国巴黎银行、新联商业银行。

据库，GDP 和 CPI 数据来自国研网数据库，利率数据来自中国人民银行网站。使用软件为 EViews8。表 5 - 3 所示为各变量的基本统计描述。

表 5 - 3　　　　　　　　各变量的描述统计量

变量名称	均值	中值	最大值	最小值	标准差	样本数
cap	0.0768	0.0511	0.6480	- 0.1261	0.0976	519
liq	0.8193	0.9074	1.1012	0.0033	0.2192	519
size	4.9381	4.8196	6.9893	2.4806	0.9444	519
loan	4.4190	4.5040	6.6476	0.0700	1.4076	519
gdp	1.1006	1.1000	1.1400	1.0760	0.0164	519
cpi	1.0326	1.0180	1.2410	0.9860	0.0482	519
r	0.1467	0.0585	1.2060	0.0531	0.2880	519

资料来源：根据统计分析结果归纳整理。

5.4　实证检验结果与分析

运用不同的模型设定进行面板数据估计，得到四个模型的估计结果分别如表 5 - 4、表 5 - 5、表 5 - 6、表 5 - 7 所示。四个模型中工具变量的选取均为解释变量的滞后 1 期。

首先，分析模型 1 的估计结果。整体看来，模型 1 的 R^2 为 0.9957，$\overline{R^2}$ 为 0.9949，说明模型整体拟合优度优良。从表 5 - 4 中可知：

（1）利率 r。反映货币政策冲击的金融机构人民币贷款基准利率的效应比较显著，但是可以明显发现，r 和 r(- 1) 系数的符号完全相反，r 为正，而 r(- 1) 为负。这正是说明了在当期内，货币政策的改变未能真正发挥其应有的作用，存在"逆向反应"的现象，但是在滞后期，货币政策能够对银行信贷供给产生一定的约束作用，当利率提高时，贷款供给减少，可见利率货币工具调控的银行信贷渠道具有滞后效应。

（2）GDP。从影响信贷供给的需求方来看，GDP 增长率对信贷供给的影响并不显著，符号方向为正符合实际情况，即来自 GDP 对贷款的需求增加时，贷款总量也将随之增加，GDP 增长率每上升 1%，则贷款余额将增加 0.1138%。

（3）CPI。同样作为信贷的需求方，CPI 对信贷供给的影响也并未表现出显著性，且系数符号为负，说明在我国现阶段通货膨胀率还不能有效反应信贷需求。

（4）资本充足率 cap。cap 的系数比较显著且为负，说明资本充足率与信贷供给呈负相关关系，即当资本充足率提高 1% 时，信贷余额将下降 0.7538%，原因在于资本储备的提高有可能会占用原本用于信贷供给的部分资金。当期利率与滞后 1 期资本充足率的交互项 $r \times cap(-1)$ 反映了在当期利率 r 的货币政策冲击下，资本充足率对信贷供给的影响情况。从其系数可以看出结果比较显著且系数为负，说明在紧缩性货币政策条件下，资本越不充足的银行对货币政策的调整反应越敏感，将减少更多的信贷供给。此时系数的绝对值也较大，说明影响强烈。利率和资本充足率滞后 1 期的交互项 $r(-1) \times cap(-1)$ 十分显著且为正，说明在滞后 1 期时，资本越充足的银行对货币政策冲击越敏感，系数绝对值也很大，说明影响也较强烈。

（5）流动性 liq。无论是流动性 liq 的系数，还是短期和长期利率与流动性交互项的系数都通过 5% 显著性水平检验，说明银行的流动性特征与货币政策冲击联系紧密。符号为负，说明低流动性的银行能够带来信贷余额高的增长率。银行会因为流动性的差异对货币政策银行信贷渠道的传导表现出差异性。

（6）规模 size。从 P 值可知，size 的系数非常显著且为正，能够达到在 1% 的水平上显著，这说明银行规模越大，对信贷增长率的贡献也越大，当规模每增加 1% 时，贷款余额将随之增加 0.9664%；从当期利率与规模滞后期的交互项 $r \times size(-1)$ 来看，系数比较显著（在 5% 的显著性水平上显著），但是系数为负，说明一家银行的规模越小，对货币政策的冲击更敏感，在面对紧缩性货币政策时，将会更多地减少其信贷供给量。从利率与资本规模滞后期的交互项 $r(-1) \times size(-1)$ 来看，系数在 5% 的水平上显著且为正，与交互项 r×size（-1）的系数符号刚好相反，说明在滞后 1 期时，规模越大的银行对货币政策冲击越敏感。

表 5 - 4　　　　　　　　　模型 1 的 GMM 估计结果

解释变量	参数估计值	样本标准差	t 统计量	P 值
c	0.4637	1.3966	0.3321	0.7401
loan（-1）	0.1325	0.2449	0.5409	0.5889
r	5.9818	2.9574	2.0226	0.0439 **
r（-1）	-5.7184	2.4057	-2.3771	0.0180 **
cap	-0.7538	0.3809	-2.0081	0.0454 **
r×cap（-1）	-19.8949	8.4053	-2.3669	0.0185 **
r（-1）×cap（-1）	20.8403	7.8818	2.6441	0.0086 *
liq	-0.2325	0.2761	-0.8422	0.0403 **
r×liq（-1）	-0.4506	0.9522	-0.4732	0.0364 **
R（-1）×liq（-1）	0.6862	0.4704	1.4588	0.0455 **
size	0.9664	0.2962	3.2652	0.0012 *
r×size（-1）	-0.8095	0.3679	-2.2003	0.0284 **
r（-1）×size（-1）	0.7423	0.3054	2.4302	0.0156 **
GDP	0.1138	1.9904	0.0575	0.9542
CPI	-1.2783	1.1682	-1.0943	0.2746
R^2	0.9957		$\overline{R^2}$	0.9949

注：* 、** 、*** 分别表示在 1%、5%、10% 的显著性水平上通过检验。
资料来源：根据 GMM 回归结果归纳整理。

其次，分析模型 2 的估计结果。整体看来，模型 2 的 R^2 为 0.9786，$\overline{R^2}$ 为 0.9803，说明模型整体拟合优度优良。但是与模型 1 相比，拟合效果还显略差，说明虚拟变量的加入并没有显著提高模型的拟合优度。从表 5 - 5 中可知：

（1）利率 r。并没有表现出如模型 1 中的显著性，但是系数符号与模型 1 中相同，r 和 r（-1）系数的符号完全相反，r 为正，而 r（-1）为负。

（2）GDP。与模型 1 一样，GDP 增长率对信贷供给的影响并不显著，但符号方向为正，即来自 GDP 对贷款的需求增加时，贷款总量也将随之增加。GDP 增长率每上升 1%，则贷款余额将增加 2.0731%，增长幅度大于模型 1。

（3）CPI。CPI 对信贷供给的影响还是未表现出显著性，且系数符号为负。

（4）资本充足率 cap。cap 的系数不显著，说明资本充足率与信贷余额的关系不紧密。当期利率与滞后 1 期资本充足率的交互项 r×cap（-1）在 10% 的水平上显著且为负，说明在紧缩性货币政策条件下，资本越不充足的银行对货币政策的调整反应越敏感，将减少更多的信贷供给。此时系数的绝对值也较大，说明影响强烈。利率和资本充足率滞后 1 期的交互项 r（-1）×cap（-1）也是在 10% 的水平上显著，但系数符号为正，说明在滞后 1 期时，资本充足的银行对货币政策冲击的敏感度逐渐变强。

（5）流动性 liq。与模型 1 相似，无论是流动性 liq 的系数，还是短期和长期利率与流动性交互项的系数都显著，同样说明银行的流动性特征与货币政策冲击联系较紧密。

（6）规模 size。size 的系数不显著且为负，与模型 1 中刚好相反。当期利率与规模滞后期的交互项 r×size（-1）的系数也不显著，但是系数为负，与模型 1 中相同。利率与规模滞后期的交互项 r（-1）×size（-1）的系数表现出一定的显著性，且系数为正，说明规模大的银行比资本规模小的银行对货币政策冲击具有更强的反应。

（7）虚拟变量 dum。从系数可以看出虚拟变量十分不显著，系数为正但绝对值很小，说明模型设定的反映中资银行和外资银行差别的虚拟变量效果并不显著，在面对同样的货币政策冲击下，中资银行和外资银行不会因为受到银行业特征的影响而表现出对货币政策银行信贷渠道传导的差异性。

表 5 - 5 模型 2 的 GMM 估计结果

解释变量	参数估计值	样本标准差	t 统计量	P 值
c	-1.0813	1.2688	-0.8522	0.3946
loan(-1)	0.9936	0.0145	68.5413	0.0000 *
r	2.8812	2.3633	1.2191	0.2235
R(-1)	-2.9477	1.8606	-1.5843	0.1139
cap	-0.3153	0.1965	-1.6047	0.1094
r × cap(-1)	-11.4933	6.6671	-1.7239	0.0855 ***
r(-1) × cap(-1)	11.1821	5.9647	1.8747	0.0616 ***
liq	-0.1133	0.0774	-1.4639	0.0440 **
r × liq(-1)	0.2205	0.8060	0.2736	0.0845 ***
R(-1) × liq(-1)	0.1652	0.3815	0.4332	0.0651 ***
size	-0.0278	0.0223	-1.2492	0.2123
r × size(-1)	-0.4276	0.2938	-1.4555	0.1463
r(-1) × size(-1)	0.4058	0.2375	1.7089	0.0882 ***
dum	0.0017	0.0403	0.0418	0.9667
GDP	2.0731	2.0078	1.0304	0.3034
CPI	-0.8163	0.9883	-0.8259	0.4093
R^2	0.9786		$\overline{R^2}$	0.9803

注：* 、** 、*** 分别表示在 1% 、5% 和 10% 的显著性水平上通过检验。

资料来源：根据 GMM 回归结果归纳整理。

整体看来，模型 2 的估计效果不如模型 1 显著，对实际经济情况的解释力模型 1 也优于模型 2。

再次，分析模型 3 的估计结果。整体看来，模型 3 的 R^2 为 0.9975，$\overline{R^2}$ 为 0.9961，说明模型整体拟合优度优良。从表 5 - 6 中可知：

（1）利率 r。系数不显著，但符号为负，符合实际情况，说明当利率提高时，贷款供给减少。

（2）GDP。系数在 10% 的水平上显著，系数符号为正，符合实际情况，说明当 GDP 对贷款的需求增加时，贷款余额也将随之增加。GDP 增长率每上升1%，则贷款余额将增加3.2251%。

（3）CPI。系数同样是在10%的水平上显著，系数符号为负，说明在我国现阶段通货膨胀率还并不能有效反映信贷需求。

（4）资本充足率cap。cap的系数十分显著且为负，说明资本充足率与信贷余额负相关，与模型1类似。当期利率与资本充足率的交互项 r×cap 反映了在当期利率 r 的货币政策冲击下，资本充足率对信贷供给的影响情况。从其系数可以看出结果比较显著（在10%的水平上显著），但系数符号为正，说明在紧缩性货币政策条件下，资本越充足的银行对货币政策的调整反应越敏感，将减少更多的信贷供给。

（5）流动性liq。同模型1和模型2一样，无论是流动性liq的系数，还是当期利率与流动性交互项的系数都在10%的水平上表现显著性，说明银行的流动性特征与货币政策冲击联系紧密，银行因为流动性差异而对货币政策银行信贷渠道的传导表现出差异性。

（6）规模size。size的系数非常显著（在1%的水平上显著）且为正，这说明银行规模越大，对信贷增长率的贡献也越大，当规模每增加1%时，贷款余额将随之增加1.1047%，符合实际情况。从当期利率与规模的交互项 r×size 来看，系数不显著且为正。

表5-6　　　　　　　　　　模型3的GMM估计结果

解释变量	参数估计值	样本标准差	t统计量	P值
c	-2.0647	1.2546	-1.6457	0.1007
loan(-1)	-0.0557	0.2552	-0.2182	0.8274
r	-0.7013	0.6936	-1.0110	0.3127
cap	-1.0029	0.3332	-3.0097	0.0028 ***
r×cap	4.6546	2.5950	1.7937	0.0737 *
liq	-0.2056	0.1932	-1.0639	0.0881 ***
r×liq	0.2535	0.2340	1.0836	0.0792 ***
size	1.1047	0.2915	3.7802	0.0002 ***

续表

解释变量	参数估计值	样本标准差	t 统计量	P 值
r × size	0.0800	0.0844	0.9478	0.3439
GDP	3.2251	1.8631	1.7309	0.0844 *
CPI	− 2.0008	1.0391	− 1.9256	0.0550 *
R^2	0.9975		$\overline{R^2}$	0.9961

注：* 、** 、*** 分别表示在 1%、5% 和 10% 的显著性水平上通过检验。
资料来源：根据 GMM 回归结果归纳整理。

最后，分析模型 4 的估计结果。整体看来，模型 4 的 R^2 为 0.9568，$\overline{R^2}$ 为 0.9552，说明模型整体拟合优度优良。从表 5－7 中可知：

（1）利率 r。系数不显著且为正，说明当期信贷余额对利率的变动不敏感。

（2）GDP。系数比较显著，且符号方向为正，说明当 GDP 每增加 1% 时，则贷款余额将增加 5.1098%。

（3）CPI。CPI 的系数也表现出在 5% 水平上的显著性，但是符号依旧为负，再一次证明在我国现阶段通货膨胀率还不能有效反映信贷需求情况。

（4）资本充足率 cap。cap 的系数在 5% 的水平上显著，系数符合且为负，说明资本充足率与信贷余额负相关。当期利率与资本充足率的交互项 r × cap 并不显著，且符合为正。

（5）流动性 liq。流动性 liq 的系数表现出在 10% 水平上的显著性，且符号为负，说明低流动性的银行能够带来信贷余额高的增长率。当期利率与流动性的交互项 r × liq 也显著，说明在货币政策 r 的冲击上，流动性与信贷供给表现出显著相关性。

（6）规模 size。size 的系数和当期利率与资本规模的交互项 r × size 都未表现出统计上的显著性，且系数绝对值相对较小，说明资本规模与信贷余额在统计上无显著相关性，并对货币政策调控不敏感。

（7）虚拟变量 dum。从系数可以看出虚拟变量十分不显著，说明与模型 2 中的情形一样，模型设定的反映中资银行和外资银行差别的虚拟变量效果并不显著，说明中资银行和外资银行不会因为受到银行业特征的影响而表现出对货币政策银行信贷渠道传导的差异性。

表 5 – 7　　　　　　　　　　模型 4 的 GMM 估计结果

解释变量	参数估计值	样本标准差	t 统计量	P 值
c	– 3. 3638	1. 3964	– 2. 4089	0. 0165 **
loan(– 1)	0. 9298	0. 0259	35. 9394	0. 0000 ***
r	0. 3275	0. 5553	0. 5898	0. 5557
cap	– 0. 4149	0. 1939	– 2. 1402	0. 0329 **
r × cap	0. 1252	1. 8756	0. 0668	0. 9468
liq	– 0. 1777	0. 0985	– 1. 8033	0. 0721 ***
r × liq	– 0. 1195	0. 1697	– 0. 7043	0. 0816 ***
size	0. 0096	0. 0322	0. 2986	0. 7654
r × size	– 0. 0155	0. 0710	– 0. 2177	0. 8278
dum	0. 0750	0. 0565	1. 3268	0. 1853
GDP	5. 1098	2. 0665	2. 4723	0. 0138 **
CPI	– 1. 7758	0. 8718	– 2. 0370	0. 0423 **
R^2	0. 95668	$\overline{R^2}$	0. 9552	

注：*、**、*** 分别表示在 1%、5% 和 10% 的显著性水平上通过检验。

资料来源：根据 GMM 回归结果归纳整理。

总体看来，本章所设定的计量模型整体拟合效果优良，具有统计学意义。但是，通过对设定的四个模型的对比，发现模型 1 和模型 3 的拟合效果要略优于模型 2 和模型 4。总结归纳各模型的实证检验结果，可以得出以下主要结论。

（1）资本充足率指标。在当期和滞后 1 期时，资本充足率常表现出不一致性，即在当期资本不充足的银行对货币政策冲击反应灵敏，这与卡什亚普和斯坦（Kashyap & Stein, 1995, 2000）等学者们的研究结果相一致。然而，在滞后 1 期时，资本充足的银行又比资本不充足的银行反应灵敏。这说明在货币政策实行紧缩性意图的调控当期，资本不充足的银行迅速受到来自资本约束的限制，而资本充足的银行还有能力维持原有水平的信贷供给，但是到滞后期时，资本充足的银行也会逐渐受到资本约束的限制，从而不得已减少信贷供给量。对比其他两个银行业特征指标，发现资本充足率指标对货币政策冲击的反应最强烈。这也充分说明了近年来，我国重视全面提高各个银行的资本充足率取得了突出的成效。各个银行积极有效地将信贷资产结构调整和资本充足性管理结合起来，使资本充足率成为约束银行资产规模和结构的重要指标。

（2）流动性指标。总体看来，流动性指标表现出与信贷余额和货币政策冲击之间存在相关性。尽管我国在 2003～2008 年始终处于流动性充裕甚至过剩的阶段，这使得流动性对银行产生的约束效应较弱。但是 2009 年次贷危机之后，流动性指标与信贷余额和货币政策冲击之间表现为较强相关性。

（3）规模。规模对银行信贷余额和货币政策的冲击在统计上表现出一定的显著性，但是显著程度不及资本充足率特征。与资本充足率特征所表现出的相似之处是，在当期和滞后 1 期时，规模也表现出不一致性，即在当期规模小的银行对货币政策冲击反应灵敏，而在滞后 1 期时，规模较大的银行又比规模较小的银行反应灵敏。说明规模小的银行对货币政策冲击的反应快速而灵敏，规模较大的银行对货币政策冲击的反应具有一定的滞后性。

（4）作为信贷余额的需求方，GDP 表现出一定的显著性，而 CPI 的作用不明显。

（5）中资银行和外资银行不会因为资本充足率、流动性、资本规模等银行业结构特征的不同而对货币政策银行信贷渠道的传导效果产生差异。

因此，对比银行业三个典型结构特征对货币政策冲击的影响程度，可以归纳为资本充足率对货币政策冲击的影响最强烈，其次是流动性和规模。

5.5　本章小结

本章旨在探究资本充足率、流动性和规模三个银行业典型结构特征对货币政策银行信贷渠道的影响作用。因此，采用 2004～2019 年的年度面板数据，横截面样本选取包括了大型商业银行、股份制商业银行、城市商业银行和外资银行在内的共 57 家银行构成的银行业市场，运用 GMM 估计方法，检验资本充足率流动性和规模对以利率为代表的货币政策冲击的影响程度。研究发现：当期和滞后 1 期的资本充足率对货币政策冲击的反应灵敏度存在不一致性，且反应最为强烈；规模对货币政策冲击的反应仅次于资本充足率；流动性对货币政策冲击的影响较弱。

第6章

银行业类型特征对银行信贷
渠道影响的实证分析

目前，我国已经初步形成多层次、多类型的金融机构体系，特别是我国银行业市场结构，具有自身显著的特点，拥有多种组织形式的银行，可划分为国有控股大型商业银行、政策性商业银行和国家开发银行、股份制商业银行等多种类型。不同类型的银行在我国银行业市场结构中处于不同的地位，因此，就不得不考虑在当前我国统一的、无差别化的货币政策调控下，这些类型各异的银行在货币政策银行信贷传导渠道中发挥的作用是否具有差异性。因此，本章通过实证检验我国国有控股大型商业银行、政策性商业银行和国家开发银行、股份制商业银行对货币政策银行信贷渠道的传导效果，发现处于银行业市场结构中不同地位的银行在货币政策传导机制中所扮演的不同角色。

6.1　影响银行信贷渠道的主要银行业类型特征

6.1.1　国有控股大型商业银行

国有控股大型商业银行是指由财政部、中央汇金投资有限责任公司控股的大型商业银行。通常所讲的我国四大国有商业银行，就是指中国工商银行、中国农业银行、中国建设银行和中国银行。然而，在我国由传统的计划经济体制向社会主义市场经济转轨的大背景下，四大国有商业银行也随之进行着改革，从最初的国家专业银行阶段发展到国有独资商业银行阶段，再发展成为目前的国家控股的股份制商业银行。因此，当前的四大国有商业银行已经不再是传统意义上的国有银行，它更多地融入了现代商业银行发展中的新鲜血液。我国国有控股大型商业银行也从早期的四大行发展为五大行，甚至六大行。截至 2021 年底，四家大型商业银行中已全部完成股改上市。

表 6－1 反映了 2021 年四家大型商业银行七项指标情况，基本说明了四家大型商业银行良好的发展势头。国有商业银行这一称谓已不再适应中、农、工、建各行的发展现状，大型商业银行成为中、农、工、建四大行的新称谓。① 但是，无论称谓怎么改变，中、农、工、建四大行在我国金融体系中的整体地位没有改变，依旧是我国当前银行体系的主体，在资产规模、市场占有份额、利润率、人员数量、机构网点分布与数量上均占有绝对优势，对我国经济金融的发展起着举足轻重的作用。截至 2021 年底，我国大型商业银行占我国银行业金融机构总资产的 39.3%、总负债的 39.2%、所有者权益的 39.7%，所有占比情况均大于 30%。

表 6－1	2021 年部分大型商业银行七项指标一览			单位:%
项目	中国工商银行	中国银行	中国建设银行	中国农业银行
资产利润率	1.24	1.08	1.30	1.05
资本利润率	12.13	12.33	12.28	11.85
成本收入比	23.97	28.17	27.43	30.46
不良贷款率	1.42	1.33	1.42	1.43
资本充足率	18.02	16.53	17.85	17.13
单一客户贷款集中度	2.90	2.30	4.24	2.44
拨备覆盖率	205.84	187.05	239.96	299.73

资料来源：根据中国银保监会网站数据归纳整理。

――――――――――

① 目前大型商业银行一般包括中国银行、中国农业银行、中国工商银行、中国建设银行、交通银行和邮政储蓄银行。但是为了与本书研究保持一致性，此处的大型商业银行暂且不包括交通银行和邮政储蓄银行，把交通银行依旧归纳为股份制商业银行的范畴。

6.1.2 政策性银行

政策性银行主要是指由政府创立或担保、以贯彻国家产业政策和区域发展政策为目的、具有特殊的融资原则、不以营利为目标的金融机构。政策性银行是充当政府发展经济、促进社会进步、进行宏观经济管理工具的金融机构。2015 年之前，我国的三大政策性银行包括中国进出口银行、国家开发银行、中国农业发展银行。2015 年 3 月，国务院明确国家开发银行定位为开发性金融机构，从政策银行序列中剥离。

在经济发展过程中，常常存在一些商业银行从营利角度考虑涉足不愿意融资的领域，或者其资金实力难以达到的领域。这些领域通常包括那些对国民经济发展、社会稳定具有重要意义，投资规模大、周期长、经济效益见效慢、资金回收时间长的项目，如农业开发项目、重要基础设施建设项目等。为了扶持这些项目，政府往往实行各种鼓励措施，各国通常采用的办法是设立政策性银行，专门对这些项目融资。

政策性银行的产生和发展是国家干预、协调经济的产物。因此，政策性银行与商业银行和其他非银行金融机构相比，有共性的一面，如要对贷款进行严格审查、贷款要还本付息、周转使用等；也有其特性的一面，如政策性银行的资本金多由政府财政拨付，经营时主要考虑国家的整体利益、社会效益，不以营利为目标，主要依靠发行金融债券或向中央银行举债获得特定的资金来源等。

国家开发银行贯彻"既要支持经济建设，又要防范金融风险"的方针。主要任务是：按照国家有关法律法规、宏观经济政策、产业政策、区域发展政策，筹集和引导境内外资金，重点向国家基础设施、基础产业和支柱产业项目以及重大技术改造和高新技术产业化项目发放贷款；从资金来源上对固定资产投资总量和结构进行控制和调节。国家开发银行按照国家宏观经济政策和开发银行信贷原则独立评审贷款项目、发放贷款。2008 年 12 月 7 日，经国务院同意，国家开发银行获准以发起设立的方式改制，设立国家开发银行股份有限公司，国家开发银行股份有限公司将全面纳入商业银行监管范畴，初步建立起资本约束机制，资本充足率 11.3%。

中国进出口银行实行自主、保本经营和企业化管理的经营方针。主要任务是：执行国家产业政策和外贸政策，为扩大我国机电产品和成套设备等资本性货物出口提供政策性金融支持。中国进出口银行依据国家有关法律、法规、外贸政策、产业政策和自行制定的有关制度，独立评审贷款项目。近几年，中国进出口银行深化内部改革，调整政策性银行服务职能，开展金融创新探索，支持领域从外贸进出口延伸到企业，支持业务从出口延伸到战略性物资和设备进口，支持范围从机电产品和高新技术产品延伸到农产品、文化产品和服务，支持客户延伸到中小企业，初步形成与我国经贸发展水平相适应的政策性出口信用业务体系和经营模式。

中国农业发展银行实行独立核算、自主保本经营、企业化管理的经营方针。主要任务是：按照国家有关法律、法规和方针、政策，以国家信用为基础，筹集农业政策性信贷资金，承担国家规定的农业政策性金融业务，代理财政性支农资金的拨付。目前，中国农业发展银行依据国家有关法律、法规、产业政策，实行"库贷挂钩、钱随粮走、购贷销还、封闭运行"的信贷原则。近几年，中国农业发展银行认真执行中央支农、强农、惠农的一系列方针政策，拓展业务领域，由过去单一支持粮棉油购销储业务，逐步形成以粮棉油收购贷款业务为主体，以农业产业化龙头企业贷款和新农村建设中长期贷款业务为两翼，中间业务为补充的多方位、宽领域支农格局，农村金融骨干和支柱作用进一步增强。

6.1.3　股份制商业银行

股份制商业银行采取股份制形式的现代企业组织架构，按照商业银行的运营原则，高效决策，灵活经营，建立科学的管理机制和市场化的管理模式。1986 年 7 月 24 日，国务院批准恢复设立交通银行。此后，又先后成立了中信实业银行、深圳发展银行、广东发展银行等 12 家全国性股份制商业银行，突破了四大专业银行一统天下的格局。股份制商业银行是我国金融业中最具活力与创造性的机构，是我国金融体系中一支富有活力的生力军，是我国银行业乃至国民经济发展不可缺少的重要组成部分。截至2021年底，我国共有13家股份制商业银行，即交通银行、中信银行、光大银行、华夏银行、广东发展银行、深圳发展银行、招商银行、上海浦东发展银行、兴业银行、中国民生银行、恒丰银行、浙商银行、渤海银行。①

交通银行是我国首家全国性股份制商业银行，2005年6月23日在香港成功上市，成为首家在境外上市的我国内地商业银行，2007年5月15日，在上海证券交易所挂牌上市。截至2021年末，交通银行资产总额为11.6万亿元；资本充足率为15.45%。中信银行，原名中信实业银行，是我国改革开放中最早成立的新兴商业银行之一，2007年4月27日，中信银行在上海证券交易所和香港联合交易所成功同步上市。2021年底，总资产达到8.04万亿元，资本充足率达到13.53%。中国光大银行在2021年末资产总额达到5.9万亿元，贷款和垫款本金总额3.3万亿元，各项负债5.4万亿元，其中客户存款余额3.6万亿元，资本充足率13.37%。华夏银行在2003年9月公开发行股票，并在上海证券交易所挂牌上市交易，截至2021年末，华夏银行资产总规模达到3.6万亿元。广东发展银行在2021年末资本净额达到2912.11亿元，资产总额3.3万亿元，客户存款余额2.09万亿元，各项贷款余额2.02万亿元。深圳发展银行是中国第一家面向社会公众公开发行股票并上市的商业银行。截至2021年底，深发展总资产较上年底增长10.1%至4.9万亿元，总贷款（含贴现）增长14.9%至3.06万亿元，总存款较上年底增长10.8%至2.9万亿元，全年实现净利润363.36亿元，不良贷款率持续下降至2021年底1.02%的水平，2021年底的资本充足率为13.15%。招商银行成立于1987年，是我国境内第一家完全由企业法人持股的股份制商业银行，也是国家从体制外

---

① 由于研究数据一致性的限制，本书把交通银行仍然归类于股份制商业银行。

推动银行业改革的第一家试点银行。2002 年，招商银行在上海证券交易所上市，2006 年，在香港联合交易所上市。2021 年底，资本净额超过9726.06 千亿元，资产总额突破 9.2 万亿元。上海浦东发展银行是于 1992年批准设立、1999 年在上海证券交易所挂牌上市的股份制商业银行，至2021 年底，总资产规模达到 8.1 万亿元，本外币贷款总额 4.7 万亿元，各项存款总额 4.4 万亿元，实现净利润 5.3 万亿元。兴业银行成立于 1988 年8 月，2007 年 2 月 5 日正式在上海证券交易所挂牌上市，截至 2021 年末，兴业银行资产总额为 8.6 万亿元，股东权益为 6841.11 千亿元，不良贷款比率为 1.10%。中国民生银行于 2000 年 12 月 19 日在上海证券交易所挂牌上市，截至 2021 年 12 月 31 日，中国民生银行总资产规模达 6.9 万亿元，存款总额 3.7 万亿元，贷款总额（含贴现）4.04 万亿元，实现净利润 348.5 亿元，不良贷款率 1.79%。恒丰银行前身为烟台住房储蓄银行，成立于 1987 年 10 月，并于 2003 年在烟台住房储蓄银行基础上经过整体股份制改造，改制变更为恒丰银行股份有限公司（简称恒丰银行），2021 年总资产 1.2 万亿元，净利润 63.48 亿元，税前利润 63.39 亿元。浙商银行前身为浙江商业银行，截至 2021 年末，浙商银行总资产 2.2 万亿元，各项存款 1.4 万亿元，各项贷款 1.3 万亿元。渤海银行是 1996 年以来国务院批准设立的第一家全国性股份制商业银行，2005 年 12 月 30 日成立，截至2021 年末，渤海银行资产总额达到 1.5 万亿元，同比增长 13.58%，负债总额为 1.4 万亿元人民币，同比增长 14.41%，贷款及垫款平均余额9493.53 亿元人民币，同比增长 16.7%，存款余额 8023.28 亿元人民币，同比增长 11.3%，不良贷款率为 1.76%，同比下降 0.01 个百分点；实现税后净利润 86.29 亿元人民币，同比增长 2.19%，拨备覆盖率135.63%。[①] 截至 2021 年底，我国股份制商业银行占我国银行业金融机构总资产的 18.1%、总负债的 18.2%、所有者权益的 17.3%。[②]

---

① 资料来源于各银行网站。
② 资料来源于中国银保监会网站，并经计算得出，其中不包括交通银行。

6.1.4　其他类型银行

除了以上三种类型的银行之外，我国还存在着大量其他性质的银行，包括城市商业银行、农村商业银行、农村合作银行、城市信用社、农村信用社、邮政储蓄银行和外资银行等。截至 2021 年，我国银行业金融机构包括开发性金融机构 1 家，住房储蓄银行 1 家，政策性银行 2 家，大型商业银行 6 家，股份制商业银行 12 家，城市商业银行 128 家，农村商业银行 1596 家，农村合作银行 23 家，农村信用社 577 家，金融资产管理公司 5 家，外资法人金融机构 41 家，信托公司 68 家，企业集团财务公司 255 家，金融租赁公司 71 家，货币经纪公司 6 家，汽车金融公司 25 家，村镇银行 1651 家，贷款公司 13 家，农村资金互助社 39 家，民营银行 19 家，消费金融公司 30 家以及其他金融机构 33 家。表 6 - 2 反映了 2021 年各类型银行在银行业金融机构总资产、总负债和所有者权益三个项目中的占比情况。从表 6 - 2 中可以看出，其他各个类型的银行在整个银行业金融机构中的比重比较小，在国民经济中的作用不如大型商业银行和股份制商业银行那么重要。但是，其他几种类型银行的加总效应却不容忽视。如果农村金融机构和其他类金融机构进行加总，可以发现它们占银行业金融机构总资产的 29.2%、总负债的 29.1%、所有者权益的 31%，是我国银行业中的重要补充和组成部分。

表 6 - 2　　　　　2021 年各类型银行在不同项目下的占比情况　　　　单位:%

项目	总资产占比	总负债占比	所有者权益占比
商业银行	83.4	83.7	80.7
大型商业银行	39.3	39.2	39.7
股份制商业银行	18.1	18.2	17.3
城市商业银行	13.3	13.5	11.9
农村金融机构	13.5	13.7	11.8
其他类金融机构	15.7	15.4	19.2

资料来源：根据中国银保监会网站数据归纳整理。

6.2　实证检验分析

6.2.1　变量选取与数据处理

以上分析说明了我国不同类型的银行在银行业市场结构中处于不同的地位，那么这将意味着它们在货币政策银行信贷传导渠道中发挥不同的作用。本章将采用实证检验的方法进一步进行验证。

我国中央银行在 1995 年的《中国人民银行法》中明确把货币政策的最终目标确定为"保持币值稳定，并以此促进经济增长"。经典的西方经济学中认为宏观经济调控的最终目标是经济增长、物价稳定、充分就业和国际收支平衡。因此，借鉴目前大多数研究文献，本章依旧沿用第 6 章中货币政策代理指标的选取，分别以 GDP 表示经济增长，以 CPI 表示通货膨胀，以银行间同业拆借加权平均利率表示利率，以 M_2 表示货币供给量。数据选取样本区间为 2005～2019 年的年度数据，数据来源于中经网数据库。

关于信贷渠道的代理指标，通常选取金融机构贷款额来表示。本章摒弃了已有文献中以金融机构贷款总额为信贷渠道代理指标这种总体研究的方法，而分别考察不同类型的银行贷款额，以此为基础研究货币政策银行信贷渠道通过不同类型银行传导的效果差异。

由于数据的可获得性，本章仅实证检验了大型商业银行、政策性银行及国家开发银行、股份制商业银行对货币政策银行信贷渠道的传导情况。考虑到口径的一致性，大型商业银行的贷款额仅选取了中国工商银行、中国农业银行、中国银行和中国建设银行四大行 2005～2019 年度的贷款额数据并进行加总计算。政策性银行的贷款余额，选取了国家开发银行、中国进出口银行和中国农业发展银行 2005～2019 年度的贷款数据并加总计算。① 股份制商业银行的贷款额，选取了交通银行、中信银行、光大银行、招商银行、民生银行、广东发展银行、华夏银行、兴业银行、上海浦东发展银行、平安银行（深圳发展银行）十家股份制商业银行 2005～2019 年度的贷款数据并加总计算，对于缺失数据根据历年平均贷款增长率进行推算并作为补充数据。以上所有数据来源于 2006～2020 年《中国金融年鉴》并经整理计算得出。

为了消除季节性影响，首先对 GDP、CPI、M_2 运用 X－12 方法进行季节性调整。在获得剔除季节性因素的数据后，对这些数据取对数，使得误差项由绝对误差变为相对误差，减少了误差值，尽量避免波动。本章计量分析采用软件 EViews8。

6.2.2　单位根与协整检验

时间序列数据尤其是经济序列数据往往表现出非平稳的特征，因此不能对各变量之间的关系进行直接讨论，否则会影响计量检验的准备性和有效性。检验时间序列平稳性的标准方法是单位根检验。

随机过程 $\{y_t,\ t=1,\ 2,\ \cdots\}$，若

$$y_t = \rho y_{t-1} + \varepsilon_t \tag{6-1}$$

其中，$\rho=1$，ε_t 为一稳定过程，且 $E(\varepsilon_t)=0$，$Cov(\varepsilon_t,\ \varepsilon_{t-s})=\mu_t<\infty$，这里 $s=0,\ 1,\ 2,\ \cdots$，则称该过程为单位根过程。特别地，若

$$y_t = y_{t-1} + \varepsilon_t \tag{6-2}$$

其中，ε_t 独立同分布，且 $E(\varepsilon_t)=0$，$D(\varepsilon_t)=\sigma^2<\infty$，则称 $\{y_t\}$ 为一随机游动（random walk）过程。它是单位根过程的一个特例。

若单位根过程经过一阶差分成为平稳过程，即

① 2015 年国务院将国家开发银行定位为开发性金融机构，为了数据的连贯性将其视为政策性银行进行计算。

$$y_t - y_{t-1} = (1 - B)y_t = \varepsilon_t \tag{6-3}$$

则时间序列 y_t 称为一阶单整（Integration）序列，记作 I（1）。一般地，如果非平稳时间序列 x_t 经过 d 阶差分达到平稳，则称其为 d 阶单整序列，记作 I（d）。其中，d 表示单整阶数，是序列包含的单位根个数。

目前常见的单位根检验方法共有六种：Dickey-Fuller（DF）检验、Augmented Dickey-Fuller（ADF）检验、Phillips-Perron（PP）检验、KPSS 检验、ERS 检验和 NP 检验。其中运用最广泛的是 ADF 检验。ADF 检验需要注意两个问题：一是序列滞后期数值的确定，二是检验类型的确定。滞后期数值的确定需要先检验序列生成方程中残差项是否存在自相关，然后根据 AIC 和 SC 最小准则来确定；类型的检验需要观察序列的数据轨迹，再确定序列是否含有常数项和趋势项。

本章所选用的数据均为时间序列数据，容易出现非平稳的特征，因此首先运用 ADF 方法对大型商业银行贷款额序列、政策性银行贷款额序列、股份制商业银行贷款额序列、GDP 序列、CPI 序列、利率序列和 M_2 序列进行单位根检验，用 AIC 和 SC 最小准则来确定最佳滞后期。检验结果如表 6 - 3 所示。

表 6 - 3　　　　　　　　　　各变量 ADF 检验结果

序列	ADF 值	临界值			形式	检验结果
		1%	5%	10%		
大型商业银行贷款额	-4.279	-4.297	-3.213	-2.748	（c, 0, 2）	I（1）** 、***
政策性银行贷款额	-8.317	-5.125	-3.933	-3.420	（c, t, 2）	I（1）* 、** 、***
股份制银行贷款额	-3.612	-4.004	-3.098	-2.690	（c, 0, 3）	I（1）** 、***
GDP	-11.302	-5.522	-4.108	-3.515	（c, t, 3）	I（1）* 、** 、***
CPI	-4.149	-5.295	-4.008	-3.461	（c, t, 2）	I（1）** 、***
R	-4.912	-5.295	-4.008	-3.461	（c, t, 2）	I（1）** 、***
M_2	-4.291	-5.295	-4.008	-3.461	（c, t, 2）	I（1）** 、***

注：* 、** 、*** 分别表示在 1%、5%、10% 的显著性水平上通过检验。（C, T, n）表示检验带常数项、趋势项，n 为滞后期。

资料来源：根据 ADF 检验结果归纳整理。

从表 6 - 3 中可以看出，所检验序列的原序列均为非平稳序列，再对其进行一阶差分过程后，政策性银行贷款额序列和 GDP 序列的 ADF 值均小于显著性水平在 1%、5%、10% 时的临界值，其他各个序列的 ADF 值也均小于显著性水平在 5%、10% 时的临界值，这说明各个序列可以拒绝存在单位根的原假设，也就是说各序列均为平稳序列，是一阶单整的 I(1)。同时，这也意味着以上各序列之前具备了存在协整关系的可能性。

协整关系反映了变量之间长期稳定的比例关系，即非平稳序列的某种线性组合会一起漂移，表现出平稳的特性。其严格的定义为：如果时间序列 y_{1t}，y_{2t}，…，y_{nt} 都是 d 阶单整，即 I(d)，存在一个向量 $\alpha = (\alpha_1, \alpha_2, …, \alpha_n)$，使得 $\alpha y_t' \sim I(d-b)$，这里 $y_t = (y_{1t}, y_{2t}, …, y_{nt})$，$d \geq b \geq 0$。则称序列 y_{1t}，y_{2t}，…，y_{nt} 是 (d, b) 阶协整，记为 $y_t \sim CI(d, b)$，α 为协整向量。约翰逊（Johansen, 1988）与朱莉斯（Juselius, 1988）一起提出了一种以 VAR 模型为基础的检验回归系数的方法，广泛应用于多变量协整检验中。

1. 与 GDP 的协整检验

在进行了以上的单位根检验后，首先还必须确定序列之间是否存在协整关系，即确定变量之间是否具有长期稳定的比例关系，才能为下一步的格兰杰因果检验作铺垫。本章选用约翰逊协整检验，并采用 AIC 准则确定滞后期均为 1 期。检验结果如表 6 - 4、表 6 - 5、表 6 - 6 所示。

表 6 - 4、表 6 - 5、表 6 - 6 分别表示了大型商业银行贷款额与 GDP 的协整关系、政策性银行贷款额与 GDP 的协整关系和股份制银行贷款额与 GDP 的协整关系，从检验结果中可以看出，迹统计量和 λ - max 统计量都表明 GDP 与大型商业银行贷款额、政策性银行贷款额和股份制银行贷款额都至少存在一个协整方程，说明各变量之间存在着长期的关系，具有共同的随机趋势可以组成一个稳定的经济系统。这便为研究各个变量之间的格兰杰因果关系提供了前提条件。

表 6 – 4　　　　大型商业银行贷款额与 GDP 的约翰逊协整检验结果

原假设	特征根	迹统计量（P 值）	λ – max 统计量（P 值）
0 个协整向量	0.781	22.564（0.003）*、**、***	17.513（0.015）**、***
至少一个协整向量	0.372	5.051（0.024）**、***	5.051（0.024）**、***

注：*、**、*** 分别表示在1%、5%、10%的显著性水平上通过检验。
资料来源：根据检验结果归纳整理。

表 6 – 5　　　　政策性银行贷款额与 GDP 的约翰逊协整检验结果

原假设	特征根	迹统计量（P 值）	λ – max 统计量（P 值）
0 个协整向量	0.901	29.358（0.000）*、**、***	23.401（0.001）*、**、***
至少一个协整向量	0.421	5.949（0.015）**、***	5.949（0.015）**、***

注：*、**、*** 分别表示在1%、5%、10%的显著性水平上通过检验。
资料来源：根据检验结果归纳整理。

表 6 – 6　　　　股份制银行贷款额与 GDP 的约翰逊协整检验结果

原假设	特征根	迹统计量（P 值）	λ – max 统计量（P 值）
0 个协整向量	0.625	21.489（0.001）*、**、***	13.622（0.019）**、***
至少一个协整向量	0.432	7.881（0.006）*、**、***	7.881（0.006）*、**、***

注：*、**、*** 分别表示在1%、5%、10%的显著性水平上通过检验。
资料来源：根据检验结果归纳整理。

2. 与 CPI 的协整检验

其次对大型商业银行贷款额、政策性银行贷款额和股份制商业银行贷款额与 CPI 进行协整检验，为下一步的格兰杰因果检验作铺垫。运用约翰逊协整检验，并采用 AIC 准则确定滞后期均为 1 期。检验结果如表 6 – 7、表 6 – 8、表 6 – 9 所示。

表 6 – 7、表 6 – 8、表 6 – 9 分别表示了大型商业银行贷款额与 CPI 的协整关系、政策性银行贷款额与 CPI 的协整关系和股份制银行贷款额与 CPI 的协整关系，从检验结果中可以看出，迹统计量和 λ – max 统计量都表明 CPI 与大型商业银行贷款额、政策性银行贷款额和股份制银行贷款额都至少存在一个协整方程，说明各变量之间存在着长期的关系，具有共同的随机趋势可以组成一个稳定的经济系统，这便可以进行以后的格兰杰因果检验。

表 6 - 7   **大型商业银行贷款额与 CPI 的约翰逊协整检验结果**

原假设	特征根	迹统计量（P 值）	λ - max 统计量（P 值）
0 个协整向量	0.842	33.122（0.000）*、**、***	21.590（0.001）*、**、***
至少一个协整向量	0.621	11.529（0.001）*、**、***	11.529（0.001）*、**、***

注：*、**、***分别表示在1%、5%、10%的显著性水平上通过检验。
资料来源：根据检验结果归纳整理。

表 6 - 8   **政策性银行贷款额与 CPI 的约翰逊协整检验结果**

原假设	特征根	迹统计量（P 值）	λ - max 统计量（P 值）
0 个协整向量	0.929	34.869（0.000）*、**、***	30.397（0.000）*、**、***
至少一个协整向量	0.309	4.481（0.034）**、***	4.481（0.034）**、***

注：*、**、***分别表示在1%、5%、10%的显著性水平上通过检验。
资料来源：根据检验结果归纳整理。

表 6 - 9   **股份制银行贷款额与 CPI 的约翰逊协整检验结果**

原假设	特征根	迹统计量（P 值）	λ - max 统计量（P 值）
0 个协整向量	0.601	19.403（0.003）*、**、***	12.749（0.027）**、***
至少一个协整向量	0.385	6.652（0.012）**、***	6.652（0.012）**、***

注：*、**、***分别表示在1%、5%、10%的显著性水平上通过检验。
资料来源：根据检验结果归纳整理。

3. 与利率的协整检验

再次是对大型商业银行贷款额、政策性银行贷款额和股份制商业银行贷款额与利率进行协整检验。同样需要进行的是约翰逊协整检验，采用 AIC 准则确定滞后期均为 1 期。检验结果如表 6 - 10、表 6 - 11、表 6 - 12 所示。

表 6 - 10、表 6 - 11、表 6 - 12 分别表示了大型商业银行贷款额与利率的协整关系、政策性银行贷款额与利率的协整关系和股份制银行贷款额与利率的协整关系，从检验结果中可以看出，迹统计量和 λ - max 统计量同样表明利率与大型商业银行贷款额、政策性银行贷款额和股份制银行贷款额都至少存在一个协整方程，说明各变量之间具有共同的随机趋势，存在长期稳定的关系，能够进行格兰杰因果检验。

表 6 – 10　　　　　　大型商业银行贷款额与利率的约翰逊协整检验结果

原假设	特征根	迹统计量（P值）	λ – max 统计量（P值）
0 个协整向量	0.699	17.935（0.005）*、**、***	13.309（0.021）**、***
至少一个协整向量	0.351	4.627（0.038）**、***	4.627（0.038）**、***

注：*、**、*** 分别表示在1%、5%、10%的显著性水平上通过检验。
资料来源：根据检验结果归纳整理。

表 6 – 11　　　　　　政策性银行贷款额与利率的约翰逊协整检验结果

原假设	特征根	迹统计量（P值）	λ – max 统计量（P值）
0 个协整向量	0.788	36.551（0.000）*、**、***	19.064（0.002）*、**、***
至少一个协整向量	0.773	17.492（0.000）*、**、***	17.492（0.000）*、**、***

注：*、**、*** 分别表示在1%、5%、10%的显著性水平上通过检验。
资料来源：根据检验结果归纳整理。

表 6 – 12　　　　　　股份制银行贷款额与利率的约翰逊协整检验结果

原假设	特征根	迹统计量（P值）	λ – max 统计量（P值）
0 个协整向量	0.549	16.659（0.033）**、***	11.301（0.140）
至少一个协整向量	0.321	5.361（0.021）**、***	5.361（0.021 **、***）

注：*、**、*** 分别表示在1%、5%、10%的显著性水平上通过检验。
资料来源：根据检验结果归纳整理。

4. 与货币供给量的协整检验

最后是对大型商业银行贷款额、政策性银行贷款额和股份制商业银行贷款额与货币供给量 M_2 进行协整检验。约翰逊协整检验的检验结果如表 6 – 13、表 6 – 14、表 6 – 15 所示，并采用 AIC 准则确定滞后期均为 1 期。

表 6 – 13、表 6 – 14、表 6 – 15 分别表示了大型商业银行贷款额与货币供给量 M_2 的协整关系、政策性银行贷款额与货币供给量 M_2 的协整关系和股份制银行贷款额与货币供给量 M_2 的协整关系，从迹统计量和 λ – max 统计量的检验结果中可以看出货币供给量 M_2 与大型商业银行贷款额、政策性银行贷款额和股份制银行贷款额都至少存在一个协整方程，说明各变量之间存在着长期的关系，具有共同的随机趋势可以组成一个稳定的经济系统，能够进行格兰杰因果检验。

表 6-13　　　　大型商业银行贷款额与 M_2 的约翰逊协整检验结果

原假设	特征根	迹统计量（P 值）	λ-max 统计量（P 值）
0 个协整向量	0.751	19.949（0.010）*、**、***	15.047（0.038）**、***
至少一个协整向量	0.363	4.904（0.027）**、***	4.904（0.027）**、***

注：*、**、*** 分别表示在 1%、5%、10% 的显著性水平上通过检验。
资料来源：根据检验结果归纳整理。

表 6-14　　　　政策性银行贷款额与 M_2 的约翰逊协整检验结果

原假设	特征根	迹统计量（P 值）	λ-max 统计量（P 值）
0 个协整向量	0.702	19.731（0.002）*、**、***	14.364（0.014）**、***
至少一个协整向量	0.361	5.387（0.024）**、***	5.387（0.024）**、***

注：*、**、*** 分别表示在 1%、5%、10% 的显著性水平上通过检验。
资料来源：根据检验结果归纳整理。

表 6-15　　　　股份制银行贷款额与 M_2 的约翰逊协整检验结果

原假设	特征根	迹统计量（P 值）	λ-max 统计量（P 值）
0 个协整向量	0.693	22.512（0.001）*、**、***	15.364（0.009）*、**、***
至少一个协整向量	0.434	7.157（0.009）*、**、***	7.157（0.009）*、**、***

注：*、**、*** 分别表示在 1%、5%、10% 的显著性水平上通过检验。
资料来源：根据检验结果归纳整理。

6.2.3　格兰杰因果检验

本章的研究目的归根结底是考察我国货币政策传导机制，而当今流行的方法多是采用向量自回归模型（VAR）来进行实证检验。但是，VAR 模型对时间序列数值要求较高，不仅对时间序列数据频率要求较高，而且对样本数量要求较多。由于我国各家银行的贷款数据相对来说较为保密，因此难以获得，季度或者月度高频数据更是少有公开发布，这就阻碍了本章研究采用 VAR 模型的方法。然而，根据已获得的年度数据，格兰杰因果检验的方法为本章的研究又提供了一种新的思路，即可以通过考察各种类型的银行贷款额与各个经济指标之间的因果关系，在一定程度上判别不同类型的银行对货币政策银行信贷传导渠道是否存在不同的影响效果。因此，本章的实证研究主要以格兰杰因果检验的方法为主。

格兰杰（Granger）在 1969 年的开创性论文《用经济计量学模型和交叉谱模型来研究因果关系》中提出了一个判断因果关系的检验——格兰杰因果检验，目的是解决经济时间序列经常出现伪相关的问题，即不存在任何经济意义的序列却可能计算出较大的相关系数。

格兰杰因果检验主要考察序列 X 是否为序列 Y 产生的原因，其实质是检验一个变量的滞后变量是否可以引入其他变量方程中。检验的过程一般为：先估计当前的 Y 值被其自身滞后期取值所能解释的程度，然后检验通过引入序列 X 的滞后值是否可以提高 Y 的被解释程度。如果是，则称序列 X 是 Y 的格兰杰原因，此时 X 的滞后期系数具有统计显著性。同时还可以考虑问题的另一方面，即序列 Y 是否为序列 X 的格兰杰原因。

构建无条件限制模型：

$$Y_t = \alpha + \sum_{i=1}^{m}\alpha_i\Delta Y_{t-i} + \sum_{j=1}^{k}\beta_j\Delta X_{t-j} + \mu_t \qquad (6-4)$$

和有条件限制模型：

$$Y_t = \alpha + \sum_{i=1}^{m}\alpha_i\Delta Y_{t-i} + \mu_t \qquad (6-5)$$

其中，μ_t 为白噪声序列，α、β 为系数，n 为样本量，m、k 分别为滞后阶数。另外，公式（6-4）的残差平方和为 ESS_0，公式（6-5）的残差平方和为 ESS_1。这时，F 检验是判断格兰杰原因的直接方法。

原假设为：H_0：$\beta_j = 0$；备择假设为：H_1：$\beta_j \neq 0 (j = 1, 2, \cdots, k)$。若原假设成立则：

$$F = \frac{(ESS_0 - ESS_1)/m}{ESS_1/(n-k-m-1)} \sim F(m, n-k-m-1)$$

即 F 统计量服从第一自由度为 m，第二自由度为 $n-k-m-1$ 的 F 分布。若 F 检验值大于标准 F 分布的临界值，则拒绝原假设，说明 X 的变化是 Y 变化的原因，否则接受原假设。

6.3　实证检验结果分析

以下将运用格兰杰因果检验的方法分别考察大型商业银行贷款额、政策性银行贷款额和股份制商业银行贷款额与 GDP、CPI、利率和 M_2 的因果关系。

1. 与 GDP 因果关系的检验结果

首先，对大型商业银行贷款额、政策性银行贷款额和股份制商业银行贷款额与 GDP 的因果关系进行考察。各类型银行贷款额与 GDP 的格兰杰因果检验结果如表 6 - 16 所示，其中大型商业银行贷款额、股份制银行贷款额与 GDP 的格兰杰因果检验中的滞后期选择均为 1 期，政策性银行贷款额与 GDP 的格兰杰因果检验中的滞后期选择为 2 期。

表 6 - 16　　　各类型银行贷款额与 GDP 的格兰杰因果检验结果

原假设	F 统计量	P 值	检验结果
大型商业银行贷款额不是 GDP 的格兰杰原因	0.018	0.749	接受原假设
GDP 不是大型商业银行贷款额的格兰杰原因	7.583	0.026	拒绝原假设
政策性银行贷款额不是 GDP 的格兰杰原因	2.447	0.161	接受原假设
GDP 不是政策性银行贷款额的格兰杰原因	17.981	0.001	拒绝原假设
股份制银行贷款额不是 GDP 的格兰杰原因	1.363	0.272	接受原假设
GDP 不是股份制银行贷款额的格兰杰原因	3.449	0.086	接受原假设

资料来源：根据因果检验结果归纳整理。

对检验结果的经济解释如下。

（1）大型商业银行贷款额与 GDP 存在单向的因果关系，即大型商业银行贷款额不是 GDP 的格兰杰原因，但是 GDP 是大型商业银行贷款额的格兰杰原因。这说明 GDP 对银行信贷具有一定的需求作用，对大型商业银行的贷款发放具有一定的影响，但是大型商业银行的贷款对 GDP 的影响不显著，说明大型商业银行的贷款对 GDP 的贡献不明显，通过大型商业银行信贷传导的货币政策反映在最终目标 GDP 方面效果不佳。

（2）政策性银行贷款额与 GDP 也存在着单向的因果关系，即政策性贷款额不是 GDP 的格兰杰原因，而 GDP 是政策性银行贷款额的格兰杰原因，并且这种关系非常显著，P 值达到 0.001。可以看出这与国有银行贷款额和 GDP 的因果关系具有相似性。所以这同样可以理解为通过政策性银行贷款传导的货币政策反映在 GDP 方面效果不佳。

（3）股份制银行贷款额与 GDP 不存在格兰杰因果关系，检验结果均为接受原假设。这说明股份制银行贷款额与 GDP 互不影响，也就是说明通过股份制银行传导的货币政策在 GDP 方面表现为失效。

总体看来，通过三种类型银行的贷款额表现的货币政策传导，对货币政策最终调控目标的经济增长目标 GDP 的影响作用都十分有限。

2. 与 CPI 因果关系的检验结果

其次，对大型商业银行贷款额、政策性银行贷款额和股份制商业银行贷款额与 CPI 的因果关系进行考察，检验结果如表 6 – 17 所示，其中政策性银行贷款额、股份制银行贷款额与 CPI 的格兰杰因果检验中的滞后期选择均为 2 期，大型商业银行贷款额与 CPI 的格兰杰因果检验中的滞后期选择为 1 期。

表 6 – 17　　　各类型银行贷款额与 CPI 的格兰杰因果检验结果

原假设	F 统计量	P 值	检验结果
大型商业银行贷款额不是 CPI 的格兰杰原因	15.399	0.003	拒绝原假设
CPI 不是大型商业银行贷款额的格兰杰原因	1.681	0.229	接受原假设
政策性银行贷款额不是 CPI 的格兰杰原因	1.808	0.235	接受原假设
CPI 不是政策性银行贷款额的格兰杰原因	10.369	0.009	拒绝原假设
股份制商业银行贷款额不是 CPI 的格兰杰原因	1.433	0.291	接受原假设
CPI 不是股份制商业银行贷款额的格兰杰原因	0.287	0.761	接受原假设

资料来源：根据因果检验结果归纳整理。

对检验结果的经济解释如下。

（1）大型商业银行贷款额与 CPI 存在单向的因果关系，即大型商业银行贷款额是 CPI 的格兰杰原因，并且在统计上结论十分显著，但是 CPI 不是大型商业银行贷款额的格兰杰原因。这说明如果以 CPI 表示的物价出现上涨时，大型商业银行贷款的发放会是其中一个重要的原因，这也基本符合我国实际经济情况，当银行贷款投入较多时，企业和个人的投资和消费将会出现上涨趋势，从而经济过热，推动物价上涨。然而，CPI 对大型商业银行的贷款额没有显著影响。由此可知，通过大型商业银行贷款传导的货币政策反映在最终目标 CPI 方面表现出较为显著的效果。

（2）政策性银行贷款额与 CPI 也存在着单向的因果关系，但是两者的影响方向与国有银行贷款额和 CPI 的格兰杰因果关系恰好相反。政策性银行贷款额不是 CPI 的格兰杰原因，而 CPI 是政策性银行贷款额的格兰杰原因，且在统计上表现较为显著。所以这可以理解为通过政策性银行贷款传导的货币政策反映在 CPI 方面的效果仍然不佳，而 CPI 却对政策性银行贷款具有一定的影响作用。

（3）股份制银行贷款额与 CPI 还是不存在格兰杰因果关系，检验结果均为接受原假设。这说明股份制银行贷款额与 CPI 互不影响，也就是说明通过股份制银行传导的货币政策在 CPI 方面同样表现出无效性。

总体看来，通过大型商业银行信贷传导的货币政策在反映到物价水平 CPI 时具有一定的效果，而政策性银行和股份制银行贷款额对货币政策的传导依旧十分有限。

3. 与利率因果关系的检验结果

再次，是对大型商业银行贷款额、政策性银行贷款额和股份制商业银行贷款额与利率的因果关系进行考察，检验结果如表 6－18 所示，其中大型商业银行贷款额、政策性银行贷款额与利率的格兰杰因果检验中的滞后期选择均为 2 期，股份制银行贷款额与利率的格兰杰因果检验中的滞后期选择为 1 期。

表 6 – 18　　　　　**各类型银行贷款额与利率的格兰杰因果检验结果**

原假设	F 统计量	P 值	检验结果
大型商业银行贷款额不是利率的格兰杰原因	0.332	0.736	接受原假设
利率不是大型商业银行贷款额的格兰杰原因	1.118	0.391	接受原假设
政策性银行贷款额不是利率的格兰杰原因	3.584	0.089	接受原假设
利率不是政策性银行贷款额的格兰杰原因	10.299	0.008	拒绝原假设
股份制银行贷款额不是利率的格兰杰原因	1.751	0.234	接受原假设
利率不是股份制银行贷款额的格兰杰原因	4.598	0.047	拒绝原假设

资料来源：根据因果检验结果归纳整理。

对检验结果的经济解释如下。

（1）大型商业银行贷款额与利率不存在格兰杰因果关系，即大型商业银行贷款额不是利率的格兰杰原因，利率也不是大型商业银行贷款额的格兰杰原因，两者互不影响。这似乎与实际情况不符。但是也正说明了我国利率市场化程度还不够、大型商业银行还未做到完全市场化经营等问题。从这个方面来讲，我国大型商业银行对利率改变的调控不敏感，银行信贷传导的货币政策效果不佳。

（2）政策性银行贷款额与利率存在着单向的因果关系，即政策性银行贷款额不是利率的格兰杰原因，而利率是政策性银行贷款额的格兰杰原因，并且统计检验十分显著。这说明通过改变利率的货币政策能够对政策性银行的贷款额产生影响，经由政策性银行传导的银行信贷渠道货币政策在利率方面发挥着一定的作用。

（3）股份制银行贷款额与利率也存在着单向的格兰杰因果关系，即股份制商业银行的贷款额不是利率的格兰杰原因，而利率是股份制商业银行贷款额的格兰杰原因。虽然利率是股份制商业银行贷款额的格兰杰原因不如利率是政策性银行贷款额的格兰杰原因在统计上表现得显著，但是同样可以判定股份制商业银行同政策性银行一样，对利率具有一定程度上的传导效应，只是传导效果或许会表现出一些不同。

总体看来，大型商业银行对利率调控不敏感，而政策性银行和股份制商业银行对利率调控具有一定的敏感性，经由这两种类型的银行传导的货币政策银行信贷渠道发挥着一定的效果，但是前者效果应该优于后者。

4. 与货币供给量的协整检验

最后，是对大型商业银行贷款额、政策性银行贷款额和股份制商业银行贷款额与货币供给量 M_2 的因果关系进行考察，进行各类型银行贷款额与GDP 的格兰杰因果检验，检验结果如表 6 - 19 所示，其中大型商业银行贷款额、股份制银行贷款额与 GDP 的格兰杰因果检验中的滞后期选择均为 1 期，政策性银行贷款额与 GDP 的格兰杰因果检验中的滞后期选择为 2 期。

表 6 - 19　　　　　各类型银行贷款额与 M_2 的格兰杰因果检验结果

原假设	F 统计量	P 值	检验结果
大型商业银行贷款额不是 M_2 的格兰杰原因	4.448	0.068	接受原假设
M_2 不是大型商业银行贷款额的格兰杰原因	10.341	0.014	拒绝原假设
政策性银行贷款额不是 M_2 的格兰杰原因	2.899	0.123	接受原假设
M_2 不是政策性银行贷款额的格兰杰原因	2.845	0.131	接受原假设
股份制商业银行贷款额不是 M_2 的格兰杰原因	17.061	0.001	拒绝原假设
M_2 不是股份制商业银行贷款额的格兰杰原因	1.131	0.314	接受原假设

资料来源：根据因果检验结果归纳整理。

对检验结果的经济解释如下。

（1）大型商业银行贷款额与货币供给量 M_2 存在着单向的因果关系，即大型商业银行贷款额不是 M_2 的格兰杰原因，但是 M_2 是大型商业银行贷款额的格兰杰原因。说明大型商业银行对货币供给量具有比较显著的传导效果，在统计上表现为在接近 1% 水平上显著。

（2）政策性银行贷款额与货币供给量 M_2 不存在任何方向的格兰杰因果关系，即政策性银行的贷款额与货币供给量 M_2 互不为格兰杰原因。这说明政策性银行的信贷行为与货币供给量无任何统计上的联系，以货币供给量为代表的货币政策调控不会考虑政策性银行信贷行为这一因素，政策性银行在对货币供给量方面也不会发挥任何作用。

（3）股份制商业银行贷款额与货币供给量 M_2 存在单向的格兰杰因果关

系，即股份制商业银行贷款额是 M_2 的格兰杰原因，但是 M_2 不是股份制商业银行贷款额的格兰杰原因。这说明我国货币供给量的投放在一定程度上会受到股份制商业银行信贷行为的影响，股份制商业银行的行为是货币政策制定时值得考虑的因素之一。但是股份制商业银行对于以货币供给量为代表的货币政策中介目标的传导却表现出无效性。

总体看来，只有大型商业银行对货币供给量的传导具有比较显著的传导效果，政策性银行和股份制商业银行在统计上均表现出与以货币供给量的无关性。

综观以上实证分析结果，可以得到以下结论。

（1）从对货币政策最终目标之一 GDP 的传导方面看，大型商业银行、政策性银行和股份制商业银行都表现出货币政策银行信贷渠道传导效果不佳。

（2）从对货币政策另一个最终目标 CPI 的传导方面看，此时大型商业银行对货币政策银行信贷渠道的传导表现出较为显著的效果，而政策性银行和股份制商业银行仍然表现出效果不显著。

（3）从利率方面看，我国大型商业银行对利率改变的货币政策调控不敏感，而政策性银行和股份制商业银行都表现出具有一定程度的传导效应，但是前者的效果优于后者。

（4）从货币供给量方面看，只有大型商业银行对货币政策中介目标货币供给量具有比较显著的传导效果，政策性银行和股份制商业银行在统计上均表现出与以货币供给量为代表的货币政策的无关性。

总体来看，我国货币政策银行信贷渠道存在，但是传导渠道依旧存在着诸多阻碍，导致传导效果受损。通过对大型商业银行、政策性银行和股份制商业银行信贷渠道的对比研究，发现很难直接定义这三种类型的银行对货币政策传导孰优孰劣的问题，可以说这三种类型的银行在对货币政策银行信贷渠道的传导中既有各自的优势，同时也暴露出各自的劣势。这与它们在我国银行业市场结构中所处的地位和作用、在我国国民经济中的定位不无关系。也正因为如此，完善我国货币政策银行信贷渠道必须重视发挥银行业市场结构中各个主体的重要作用。

6.4　本章小结

本章主要考察处于我国银行业市场结构中不同地位的三种类型银行在货币政策银行信贷渠道传导中是否发挥着不同作用。运用单位根检验、协整检验和格兰杰因果检验等技术手段，发现大型商业银行、政策性银行和国家开发银行、股份制商业银行在我国货币政策银行信贷渠道传导中发挥着不同的作用，但是难以判定哪种类型的银行对银行信贷渠道的传导更有效，三种类型的银行均在货币政策传导的各个方面发挥着其应有的作用。因此，具体结论如下：

（1）从对 GDP 的传导方面，大型商业银行、政策性银行和股份制商业银行都表现出货币政策银行信贷渠道传导效果不佳。

（2）从对 CPI 的传导方面，大型商业银行对货币政策银行信贷渠道的传导表现出较为显著的效果，而政策性银行和股份制商业银行仍然表现出效果不显著。

（3）从对利率传导方面看，我国大型商业银行对利率改变的货币政策调控不敏感，而政策性银行和股份制商业银行都表现出具有一定程度的传导效应，但是前者的效果优于后者。

（4）从对货币供给量传导方面看，只有大型商业银行对货币供给量具有比较显著的传导效果，政策性银行和股份制商业银行在统计上均表现出与货币供给量的无关性。

第 7 章

银行业市场集中度、竞争对银行
信贷渠道影响的实证分析

在产业组织理论中，市场集中度和竞争两个概念相辅相成，既有联系，又有区别。银行业作为比较特殊的产业，市场集中度与竞争之间的关系表现出与其他产业的不同。然而在目前的产业组织理论分析中，有时会出现混淆使用市场集中度和竞争这两个概念的情况，特别是在一些实证分析中，往往用市场集中度代替竞争，这势必降低了研究的可信度。针对这些问题，本章将在清楚界定市场集中度和竞争两个概念的基础上，分别用 CR_4 和 H 统计量作为市场集中度和竞争的代理指标，实证检验我国银行业的市场集中度和竞争对货币政策银行信贷渠道的传导作用和效果。

7.1 我国银行业市场结构中的集中与竞争

由第 4 章的分析可知，我国当前的银行业市场结构整体表现出垄断竞争的特性，虽然近几年大型商业银行的市场份额逐渐缩小，但是不可否认我国银行业市场的集中度依旧较高。然而，我国集中型的银行业市场结构并没有削弱银行之间的竞争，大型商业银行之间、大型商业银行与其他银行之间、其他类型银行之间、分布在各地的各银行分支机构之间，在各种业务上的竞争已经全面展开，而且竞争程度出现不断加强的趋势。以银行卡为例，1986

年我国国内发行了第一张银行卡，截至 2005 年一季度末，共有 132 家机构获得 "62" BN 号，发卡机构总数达到 70 家，累计发行银行卡 8.27 亿张，比 2004 年同期增长 19.5%；截至 2006 年底，我国国内银行卡总量已达到 11.75 亿张，银联标准卡发卡总量达 2.3 亿多张，其中仅 2006 年就新增银联标准卡 1.4 亿多张，占当年新发卡总量的 70% 以上。从交易规模看，2005 年银行卡交易金额 49 万亿元，其中消费交易额 9600 亿元，消费交易额占全国社会消费品零售总额的比重接近 10%，而五年前这一比例仅为 2.1%；截至 2021 年末，发卡方面，银行卡累计发卡量 92.5 亿张，当年新增发卡量 2.7 亿张，同比增长 3.0%，增速逐年放缓；交易方面，全国银行卡交易金额 1060.6 万亿元，同比增长 33.8%。[①] 由此可见，我国银行卡业务增长迅猛，这一系列数据共同说明一个问题，即我国银行业间业务竞争异常激烈，这种竞争程度并没有因为市场集中度较高而减弱。

因此，本章将重点考察银行业市场集中度和竞争到底是否会影响货币政策银行信贷传导渠道，两者对银行信贷传导渠道的影响是否具有显著的差别，目前我的银行业市场集中和竞争程度是否有利于货币政策的传导。基于这样的研究目的，本章将借鉴弘·贡吉等（Hiroshi Gunji et al.，2009）的研究思路，对我国实际情况进行实证分析，具有一定的开创性。

弘·贡吉等（Hiroshi Gunji et al.，2009）的研究目的在于考察货币政策对具有不同竞争程度的银行部门的冲击和影响。在他们的文章中运用了两种方法对研究目的进行了实证检验。方法一，用累积脉冲响应函数作为货币政策冲击的代理指标，用已有研究中计算得出的 Panzar-Rosse H 统计量作为不同国家银行业竞争程度的代理指标，再用统计方法考察两者之间的相关性。在这个过程中，弘·贡吉等共选取了 22 个国家作为样本，建立了两个 VAR 模型，分别考察了累积脉冲响应函数在滞后 4 期、8 期和 12 期时 H 统计量与货币政策冲击的相关程度。方法二，选取了 21 个国家 1994~2000 年的 H 统计量、GDP、通货膨胀率等年度数据，以及 1202 家银行的贷款、存款/总

---

① 中国银行业协会. 中国银行卡产业发展蓝皮书（2022）[M]. 北京：中国金融出版社，2022.

资产、存款增长率等数据，运用 GLS 估计方法研究银行贷款与银行竞争和货币政策冲击之间的相互作用。研究结论表明方法一并没有证实银行竞争与货币政策冲击之间存在必然的联系，而方法二表明银行业的竞争能够微弱地通过银行贷款的变化传导货币政策冲击。弘·贡吉等的研究为货币政策传导机制理论与实践开拓了一个全新的研究视角，然而他们的研究基于运用多个国家的数据进行检验，前人对多个国家的 H 统计量的计算也颇有贡献，研究样本较多和研究数据的可得性为弘·贡吉等的研究提供了可能性。但是如果仅研究中国一个国家的银行业竞争和货币政策相关性问题，就会遇到例如缺乏已有的各年度 H 统计量值、研究样本量小（仅有一个国家）等问题。为了克服这些问题，并考虑到研究的可行性和数据的可获得性，本章借鉴和选用弘·贡吉等方法一的研究思路，首先较为全面地计算出我国各年度 H 统计量值以作为竞争程度的指标，其次建立 VAR 模型得出累积脉冲响应函数作为货币政策的代理指标，最后，拓展弘·贡吉等的研究，引入市场集中度的衡量指标 CR_n，分析并对比银行业市场集中度、竞争与货币政策冲击的相关性问题。

7.2　市场集中度代理指标选取

根据产业组织理论，衡量市场集中度的常用指标是产业集中度指数，在本书第 4 章中对该指标已进行了详细的介绍，并计算出我国银行业各项目 CR_4 的具体数值。因此，在本章的研究中，选用第 4 章计算得出的我国银行业中处于前四位的商业银行在资产项目中的 CR_4 指数值作为市场集中度的代理指标，与竞争代理指标和货币政策代理指标一起进行回归，以发现三者之间的相关性。综合考虑实证中所需数据的可获得性和实证检验的有效性，实证检验中仅选取 2008～2019 年资产项目中的 CR_4，具体数据如表 4 - 1 所示。

7.3 竞争代理指标选取与计算——基于 Panzar & Rosse 模型

7.3.1 Panzar-Rosse 模型介绍

传统产业组织理论中衡量市场结构的指标多以结构分析法为主，主要包括前文提到的产业集中度、赫芬达尔—赫希曼指数、洛伦茨曲线、基尼系数等。在以往的研究中，结构分析法通常既用作分析市场集中度，又用作分析市场竞争度。但是集中度与竞争存在本质区别，结构分析法在判定市场竞争方面存在明显的缺陷。随着新产业组织理论的不断发展与创新，国外近几年兴起了多种计量验证市场竞争程度的非结构分析方法，非结构分析法将市场结构内在化，强调决策者不需要对该国金融体系中银行是否在市场上占据主导地位过多关注，对市场竞争的描述更加准确。目前，非结构分析方法以新实证组织学派创造的 Panzar-Rosse 模型（简称 P－R 模型）为代表，广泛运用于度量市场中的竞争行为中（即可竞争性），其特点在于未利用市场结构信息，而只是通过估计竞争价格的背离程度进行度量。

国外运用 Panzar-Rosse 模型研究银行业市场竞争结构的较多，最早的研究来自谢弗（Shaffer，1982），他运用截面数据研究纽约银行业，得到垄断竞争且具有可竞争性的结论。之后涌现出许多运用 Panzar-Rosse 模型对各国或各地区的市场竞争程度进行的研究，其中有些研究运用截面数据，而有些运用面板数据；有些研究聚焦于单一国家或地区，而有些侧重跨国对比（Claessen & Laeven，2003）；有些研究集中于西方发达国家或地区（Nathan & Neave，1989；Bikker & Haff，2000），而有些研究集中于中东欧和拉丁美洲国家（Yildirirn & Philippatos，2002；Gelos & Roldos，2004；Levy Yeyati & Micco，2007）。这些研究都是通过运用 Panzar-Rosse 模型得出相应的 H 统计量，以此判断该银行业市场的竞争程度，从而判定其市场结构。

目前，国内采用 Panzar-Rosse 模型非结构分析方法研究我国银行业市场竞争环境的研究还相对较少，但已有研究普遍得出我国银行业处于垄断竞争市场结构的结论。叶欣等（2001）首次运用 Panzar-Rosse 模型对我国银行业竞争程度的 H 统计量进行检验，得出我国银行业正由高度集中的寡头垄断型市场结构向竞争性较强的垄断竞争型市场结构转变的结论。针对叶欣等采用的模型过于简单、样本期短的不足，赵子铱等（2005）采用 Panzar-Rosse 三回归式模型，利用我国 14 家银行 1993～2003 的面板数据，对我国整个银行业、四大国有商业银行以及其他所有制银行的市场结构分别进行实证检验，发现我国整个银行业处于垄断竞争型市场结构，其他股份制商业银行之间的竞争程度明显低于四大国有商业银行之间的竞争程度。石晓烽（2008）运用我国 14 家银行 1995～2006 年的面板数据检验得出我国商业银行市场结构表现出垄断竞争的特点，虽然竞争程度与国外发达国家相比还处于较低水平。李国栋等（2012）基于 Panzar-Rosse 模型，运用 2003～2010 年 14 家商业银行的数据对我国银行业市场竞争度展开估计，结果表明 2003～2010 年我国银行业处于垄断竞争状态，而 2008 年国际金融危机后我国银行业市场竞争度明显下降。梁国平（2019）运用 Panzar-Rosse 模型进行验证发现，近年来随着我国金融体制的不断改革，银行业市场的竞争性更加激烈化。

Panzar-Rosse 模型是由潘策尔和罗斯（Panzar & Rosse，1977）在 1977 年首次提出，1982 和 1987 年进一步发展完善的非结构化分析方法，也称为 H 统计法。该模型采用标准比较静态分析的方法，运用一般均衡的银行市场模型，通过对投入成本与总收入弹性变化的分析，得出样本银行的竞争程度检验指标，由此判断银行业所处的市场结构类型情况。Panzar-Rosse 模型建立在四个假设前提之上：一是银行在长期均衡的环境中运作；二是银行的行为受到其他银行行为的影响（除非在垄断的环境中）；三是银行的成本结构是同质的，而且其生产函数服从收益规模不变的柯布—道格拉斯（Cobb-Douglas）生产函数；四是在不同的市场条件下，银行采取的成本投入策略对产出的定价会产生影响。

假设银行的收益函数为：R = R（w，z），其中 w 为投入要素的 m 维向量，z 为收益函数的外生变量。银行 i 为了实现利润最大化，必须满足边际收益等于边际成本：

$$R_i'(x_i, n, z_i) - C_i'(x_i, w_i, t_i) = 0 \qquad (7-1)$$

其中，R_i' 和 C_i' 分别表示银行 i 的边际收益和边际成本，x_i 表示银行 i 的产出，n 为银行数量，w_i 表示银行 i 投入成本的 m 维向量，z_i 为银行 i 收益函数的外生变量，t_i 为银行 i 成本函数的外生变量。为了实现市场均衡，应满足零利润的约束条件：

$$R_i^*(x^*, n^*, z) - C_i^*(x^*, w, t) = 0 \qquad (7-2)$$

带 * 号变量代表均衡值。市场力量的衡量来自银行 i 投入价格的变动对均衡收益的影响。Panzar-Rosse 模型的 H 统计量体现了银行市场结构中的竞争程度，等于均衡条件下收入对投入要素价格的弹性之和，具体表示为：

$$H = \sum_{k=1}^{K} \frac{\partial R_i^*}{\partial w_{k_i}} \frac{w_{k_i}}{R_i^*} \qquad (7-3)$$

潘策尔和罗斯（Panzar & Rosse, 1987）证实了当 H≤0 时，市场处于垄断结构；当 0 < H < 1 时，市场处于垄断竞争的市场结构；当 H = 1 时，市场处于完全竞争的市场结构。当 0 < H < 1 时，可以反映出市场的竞争程度：H 越接近于 1，市场的竞争程度越高；H 越接近于 0，市场的竞争程度越低。具体指标含义如表 7 - 1 所示。

表 7 - 1   **H 统计量的含义**

项目		含义
竞争市场环境检测	H≤0	完全垄断市场、完全共谋的、需求大于供给的市场或者短期的寡头垄断市场
	0 < H < 1	垄断竞争的、自由进入的市场
	H = 1	完全竞争的市场或完全可竞争市场中的自然垄断
均衡检验	H < 0	非均衡
	H = 0	均衡

资料来源：根据模型归纳整理。

P－R 模型通过以下对数线性回归模型方程获得 H 统计值：

$$\ln R_i^* = \beta_0 + \beta_1 \ln w_{1_i} + \cdots + \beta_K \ln w_{K_i} + x_i' \gamma + u_i$$

$$i = 1, \cdots, N \qquad\qquad (7-4)$$

其中，x_i 是矢量控制变量，u_i 是干扰项，以 $\hat{\beta}_k (k = 1, \cdots, K)$ 作为 β_k 的估计量，则估计的 H 统计量为：

$$\hat{H} = \sum_{k=1}^{K} \hat{\beta}_k \qquad\qquad (7-5)$$

7.3.2　我国银行业 Panzar-Rosse 模型设定与应用

计算我国的 H 统计量，首先需要设定我国银行业整体收益方程。通过借鉴克莱森斯和莱文（Claessens & Laeven，2003）、耶勒德勒姆和菲利普斯（Yildirim & Philippatos，2002）等现有文献的相关研究，本章构造检验我国银行业市场竞争程度的 H 统计量的回归模型为：

$$\ln(\text{REV}_t) = h_0 + h_1 \ln(\text{PF}_t) + h_2 \ln(\text{PL}_t) + h_3 \ln(\text{PK}_t) + \sum_k \beta_k \ln(\text{BSF}_{kt}) + \varepsilon_t$$

$$(7-6)$$

其中，$t = 1, \cdots, T$，表示样本观察年份。作为因变量的 REV 表示总资产收益率，用总收入与总资产的比值为代表，因为目前我国商业银行的利息收入仍然是总收入的主要来源，本书选取总资产利息收益率代表银行的产出。三个主要投入要素为资金成本（PF）、人力成本（PL）和资本成本（PK），均以单位价格为代表。PF 等于利息支出与总存款的比率。PL 等于银行员工个人支出与总资产的比率，但是由于我国银行员工收入和支出数据的缺失，大多数研究选取营业费用与总资产的比率为代替变量，本书宜遵循此做法。PK 等于其他非利息支出与固定资产的比率。BSF 代表规模、风险、盈利能力等银行特征的控制变量，分别选取总资产、净贷款/总存款、所有者权益/总资产为代理变量。

基于该模型，H 统计值即为三项主要投入要素的价格变化对银行总收益的影响之和：

$$H = h_1 + h_2 + h_3 \qquad\qquad (7-7)$$

P – R 模型检验之前需要满足市场处于长期均衡的前提条件，也就意味着银行业的资产回报率要等于市场风险回报率，因此，对均衡条件的检验回归方程为：

$$\ln(ROA_t) = h_0 + h_1\ln(PF_t) + h_2\ln(PL_t) + h_3\ln(PK_t) + \sum_k \beta_k\ln(BSF_{kt}) + \varepsilon_t$$

$$(7-8)$$

其中，ROA 代替公式（7-6）中的 REV 作为被解释变量，表示总资产利润率，等于税后净利润总额与总资产之比。其他各项含义同公式（7-6）。当 H = 0 时，表示市场均衡；当 H < 0 时，表示市场不均衡。

本章选取的样本涵盖了大型商业银行、政策性银行和国家开发银行、股份制商业银行，具体包括国家开发银行、中国进出口银行、中国农业发展银行、中国工商银行、中国农业银行、中国银行、中国建设银行、中国交通银行、中信银行、中国光大银行、华夏银行、中国民生银行、广东发展银行、平安银行（深圳发展银行）、招商银行、兴业银行、上海浦东发展银行共 17 家银行所构成的中国银行业市场，样本期为 2008 ~ 2019 年的年度数据，数据由各年的《中国统计年鉴》《中国金融统计年鉴》和 Bankscope 数据库等资料汇总计算而得。

采用 EViews8 软件，对样本期内每年的数据进行横截面回归。为了消除异方差性，选用加权最小二乘估计方法（WLS），加权数取自首先由 OLS 估计方法得到的残差数平方的倒数。各年的 H 统计量结果和均衡条件检验结果如表 7-2、表 7-3 所示。

由表 7-2 可以看出，通过加权回归的竞争条件方程拟合优度良好，除 2008 年外，R^2 值均在 0.99 左右，说明模型的解释力度强，模型建立成功。结合 H 统计值和 Wald 检验可知，2019 ~ 2020 年 0 < H < 1，说明此段时期我

表 7-2   2008~2019 年的 H 统计量检验结果

年份	C	lnPF	lnPL	lnPK	R²	H	F(H=0)	F(H=1)
2019	-0.881 (-12.600)	0.020 (0.522)	0.146 (5.262)	-0.049 (-5.839)	0.989	0.117	37.858 (0.000)	219.324 (0.000)
2018	-0.151 (-0.339)	0.022 (0.361)	0.229 (0.360)	-0.073 (-4.160)	0.993	0.179	0.043 (0.841)	3.212 (0.104)
2017	0.418 (0.475)	0.018 (0.772)	0.061 (1.817)	-0.109 (-15.348)	0.996	-0.036	0.286 (0.605)	0.315 (0.587)
2016	-2.521 (-5.913)	-0.112 (-24.581)	0.0209 (0.172)	-0.156 (-6.182)	1.000	-0.245	29.678 (0.000)	56.822 (0.000)
2015	-2.450 (-3.329)	-0.142 (-3.814)	-0.251 (-0.813)	-0.058 (-1.779)	0.996	-0.451	7.716 (0.020)	14.124 (0.004)
2014	-3.207 (-16.539)	-0.085 (-7.579)	-0.188 (-1.997)	-0.098 (-2.823)	1.000	-0.369	154.504 (0.000)	256.192 (0.000)
2013	-0.709 (-1.791)	-0.389 (-4.362)	0.5596 (4.761)	-0.235 (-12.540)	1.000	-0.065	0.814 (0.391)	6.678 (0.029)
2012	-2.341 (-16.801)	-0.025 (-1.071)	-0.151 (-3.611)	-0.095 (-8.779)	0.999	-0.266	171.754 (0.000)	336.191 (0.000)
2011	-1.908 (-4.991)	0.141 (2.801)	0.034 (0.219)	-0.047 (-2.322)	1.000	0.128	9.902 (0.010)	24.539 (0.0006)
2010	-0.108 (-0.311)	-0.014 (-0.365)	0.941 (5.886)	0.119 4.983	0.987	0.635	2.773 0.126	0.139 0.699
2009	-0.571 (-4.285)	0.001 (0.059)	0.702 (9.499)	0.062 (4.781)	0.986	0.731	0.265 (0.624)	20.795 (0.001)
2008	-1.295 (-2.636)	0.216 (4.618)	0.099 (0.483)	0.025 (2.241)	0.757	0.351	2.118 (0.183)	8.682 (0.017)

注：各变量系数下（ ）中为对应的 t 值；最后两列为 Wald 检验 H=0 和 H=1 时的 F 统计量，括号中的数值为 P 值。

资料来源：根据回归检验结果归纳整理。

国银行业市场结构处于垄断竞争状态；而在 2013~2018 年，H 统计值出现负值，说明此时我国的银行业市场处于需求大于供给、倾向于完全垄断的市场；2017 年之后，H 统计值开始回升，再次处于 0 < H < 1，但是更接近于 0，说明我国银行业虽然目前处于垄断竞争的市场结构下，但是垄断竞争的

程度并不高。图 7 - 1 更加直观地反映出根据回归所得到的银行业市场结构各年 H 统计值的波动情况。

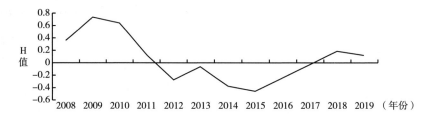

图 7 - 1　2008 ~ 2019 各年 H 统计量曲线

资料来源：根据回归检验结果归纳整理。

表 7 - 3 所示为均衡条件方程的检验结果。通过对均衡条件方程的检验，发现在原假设 H_0：H = 0 的条件下，Wald 检验结果在每个年份的检验中都不显著，所以接受 H = 0 的原假设，即由 17 家银行为代表的中国银行业满足长期均衡条件，P - R 模型得到的检验结果和 H 统计值可靠。

表 7 - 3　　　　　　　　　　　均衡条件检验结果

年份	C	lnPF	lnPL	lnPK	R^2	H	F（H = 0）
2019	- 0. 493 （ - 0. 519）	0. 119 （0. 466）	- 0. 026 （ - 0. 093）	- 0. 341 （ - 4. 052）	0. 951	- 0. 238	0. 091 （0. 769）
2018	- 10. 562 （ - 2. 038）	1. 152 （2. 459）	0. 088 （0. 099）	- 0. 549 （ - 2. 021）	0. 753	0. 681	2. 629 （0. 128）
2017	- 0. 027 （ - 1. 131）	0. 002 （1. 539）	0. 000 （ - 0. 068）	- 0. 001 （ - 1. 191）	0. 682	0. 001	1. 029 （0. 345）
2016	- 8. 992 （ - 1. 477）	1. 221 （3. 081）	- 0. 132 （ - 0. 076）	0. 395 （0. 764）	0. 641	1. 486	1. 339 （0. 281）
2015	2. 116 （0. 412）	0. 558 （1. 502）	- 1. 746 （ - 0. 901）	0. 094 （0. 462）	0. 685	- 1. 087	0. 021 （0. 902）
2014	- 0. 258 （ - 0. 091）	1. 533 （4. 842）	- 1. 057 （ - 0. 953）	- 0. 166 （ - 0. 427）	0. 841	0. 324	0. 003 （0. 962）
2013	- 4. 417 （ - 1. 831）	- 0. 452 （ - 0. 903）	- 0. 695 （ - 0. 944）	- 0. 519 （ - 2. 118）	0. 662	- 1. 665	2. 508 （0. 147）

续表

年份	C	lnPF	lnPL	lnPK	R²	H	F (H=0)
2012	− 2. 295 (− 1. 191)	− 0. 118 (− 0. 392)	− 0. 318 (− 0. 406)	− 0. 222 (− 0. 612)	0. 552	− 0. 653	0. 972 (0. 353)
2011	0. 007 (1. 381)	0. 000 (− 0. 207)	0. 000 (0. 028)	− 0. 001 (− 1. 834)	0. 735	− 0. 001	0. 751 (0. 412)
2010	0. 009 (1. 570)	− 0. 003 (− 1. 869)	− 0. 005 (− 1. 184)	− 0. 002 (− 2. 364)	0. 826	− 0. 008	0. 026 (0. 882)
2009	0. 015 (1. 784)	− 0. 002 (− 1. 621)	− 0. 001 (− 0. 499)	− 0. 001 (− 1. 142)	0. 752	− 0. 003	0. 699 (0. 435)
2008	0. 774 (0. 783)	0. 065 (0. 179)	0. 693 (1. 079)	− 0. 145 (− 0. 893)	0. 654	0. 612	1. 079 (0. 335)

注：各变量系数下方（ ）中为对应的 t 值；最后一列为 Wald 检验 H =0 时的 F 统计量，括号中的数值为 P 值。

资料来源：根据回归检验结果归纳整理。

7.4 货币政策代理指标选取与计算

7.4.1 变量选取与数据处理

在货币政策传导机制实证研究中，建立 VAR 模型、分析脉冲响应函数和预测方差分解检验是运用最广泛的方法。在 VAR 的建模中，为了反映由信贷渠道带来的货币政策冲击，本章分别从以下几方面选择最终经济变量指标：一是产出（gdp），选用国内生产总值 GDP 为代表；二是通货膨胀（cpi），现在世界上绝大多数国家都采用居民消费价格指数 CPI 来反映通货膨胀，我国统计部门也从 2000 年开始，以居民消费价格指数来衡量通货膨胀，另外，居民消费价格指数包含了服务价格等第三产业的价格变化，相比其他衡量指标能够更全面地反映我国物价变化的程度，因此，选取居民消费价格指数作为计量分析中的通货膨胀数据；三是货币供给量（m_2），货币供给量一直作为我国货币政策的中介目标，而且在实际经济中发挥着重要的作用，同时也与利率等经济变量有着密切的联系，西方国家多数都以 m_2 作为货币指标，且多数分析也表明 M_2 是比较合适的货币指标，因此选取货币和准货币 M_2 为反映货币供给量的代理变量，用来表示货币增长率；四是利率（r），根据伯南克和米霍维尔（Bernanke & Mihov，1998）的研究，利率是更为稳健的测量货币政策的指标，同时利率与贷款的关系最为紧密，为了准确反映利率货币政策传导中的作用，应该选取市场化程度高，能够及时准确地反映整个金融市场的资金供求关系的利率指标，王虎等（2008）以及张屹山和张代强（2007）的研究表明，我国银行间同业拆借市场是目前我国利率市场化程度最高的市场，因此选取银行间同业拆借加权平均利率的时间序列数据作为计量分析中的利率数据；五是银行信贷（loan），从数据的可得性角度选取金融机构各项贷款为代理变量。

数据选取样本区间为 2008 年第一季度到 2019 年第四季度的季度数据，共 48 个观察样本，数据来源中经网数据库。为了消除季节影响，首先运用 X – 12 方法对 gdp、cpi、m_2、loan 各序列进行季节性调整，之后对剔除季节性因素的各数据进行对数处理，以此减少误差值，尽量避免波动。

7.4.2 单位根与协整检验

首先，运用 ADF 方法对 gdp、cpi、m_2、loan 进行单位根检验，检验结果如表 7 – 4 所示。通过检验发现各序列的原序列均为非平稳序列，对其进行一阶差分过程后表现出平稳序列的特征，因此可以断定这五个序列均是一阶单整 I（1）的。[①] 由于协整检验仅对已知非平稳的序列有效，所以此单位根检验结果为协整检验创造了前提条件。

---

① lngdp、lncpi、lnm_2 和 lnloan 一阶差分后的 ADF 值均小于显著性水平在 1%、5%、10% 的临界值，lnr 未通过显著性水平在 1% 的临界值，但仍能说明是一阶单整 I（1）的。

表 7 - 4　　　　　　　　　　　各变量 ADF 检验结果

序列	ADF 值	临界值			AIC	形式	结论
		1%	5%	10%			
lncpi	- 2.69	- 2.62	- 1.95	- 1.61	- 8.19	(0, 0, 3)	I(1) *、**、***
lngdp	- 5.73	- 4.17	- 3.51	- 3.19	- 7.93	(c, t, 0)	I(1) *、**、***
lnm$_2$	- 7.61	- 4.17	- 3.51	- 3.19	- 7.78	(c, t, 0)	I(1) *、**、***
lnloan	- 4.28	- 4.17	- 3.51	- 3.18	- 7.16	(c, t, 0)	I(1) *、**、***
lnr	- 2.42	- 2.61	- 1.95	- 1.61	- 2.63	(0, 0, 2)	I(1) **、***

注：*、**、*** 分别表示在 1%、5% 和 10% 的显著水平上通过检验。(c，t，n) 中 c 表示常数项，t 表示趋势项，n 表示滞后阶数。

资料来源：根据 ADF 检验结果归纳整理。

VAR 模型要求系统中变量的平稳性为前提，若系统中变量都是非平稳的，则需具备协整关系，便可以以相应 VAR 模型中每个变量的一阶差分量作为变量组成一个新的 VAR。表 7 - 5 显示了各序列间的约翰逊协整检验的结果，由结果可知各变量间至少存在一个协整方程，说明各序列之间存在长期稳定的关系，具有共同的随机趋势，能够组成一个有效稳定的经济系统。

表 7 - 5　　　　　　　　　约翰逊协整检验结果

原假设	特征根	迹统计量（P 值）	λ - max 统计量（P 值）
0 个协整向量	0.58	90.18（0.00）**	38.19（0.01）**
至少 1 个协整向量	0.41	51.94（0.01）**	29.32（0.03）**
至少 2 个协整向量	0.31	22.58（0.26）	16.28（0.20）
至少 3 个协整向量	0.15	6.42（0.65）	6.17（0.59）

注：*、**、*** 分别表示在 1%、5% 和 10% 的显著水平上通过检验。

资料来源：根据检验结果归纳整理。

7.4.3　VAR 模型及脉冲响应函数

为了解决内生变量究竟出现在方程的左端还是右端的问题，西姆斯（C. A. Sims）在 1980 年时将向量自回归模型（vector autoregression，VAR）

引入经济学中的，从而增强了用传统计量经济学进行推算和估计的复杂性。向量自回归模型是一种用非结构性方法来建立各个变量之间关系的模型，其优点在于不需要对模型中各变量的内生性和外生性事先作出假定。在货币实证分析领域里，为了探寻几个变量之间相互的预测关系，往往会把模型中的每个变量对自己以及其他变量的滞后量进行回归，从而找出整个系统的内在相互关系，VAR 模型正是解决这一类问题的理想模型。

VAR 模型最一般的数学表达公式是：

$$y_t = A_1 y_{t-1} + \cdots + A_p y_{t-p} + B_1 x_t + \cdots + B_r x_{t-r} + \varepsilon_t \tag{6-9}$$

其中，y_t 是 k 维内生变量向量，x_t 是 d 维外生变量，A_1，$\cdots$，A_p 和 B_1，$\cdots$，B_r 是待估计的参数矩阵，内生变量和外生变量分别有 p 和 r 阶滞后期。T 是样本个数，ε_t 是随机扰动项，他们之间可以同期相关，但不能与自己的滞后值及等式后边的变量相关。

在 VAR 模型建模中，变量的顺序选择非常重要，通过观察 VAR 模型中新生值的相关关系矩阵可以帮助确定各个变量的顺序，如表 7-6 所示。总体看来，gdp 的新生值与其他变量新生值的同期相关关系比较高，而 cpi 与其他变量新生值的同期相关关系比较低，因此，在 VAR 变量顺序的安排上选择 VAR（gdp、loan、r、m_2、cpi）。这样一个排序也意味着 gdp 冲击影响同期所有其他变量，loan 冲击影响除 gdp 外的所有其他变量，以此类推。

表 7-6 变量新生值的相关关系矩阵

项目	r	m_2	loan	cpi	gdp
r	1.00				
m_2	-0.36	1.00			
loan	0.02	0.55	1.00		
cpi	0.08	-0.09	-0.04	1.00	
gdp	0.14	0.04	0.05	0.41	1.00

资料来源：根据回归结果归纳整理。

在 VAR 模型的建立中，正确的滞后期选择同样重要。如果滞后期太少，会导致参数的非一致性估计，但滞后期太大，又会因为需要估计的参数太多而使模型的自由度减少。确定合适滞后期的方法通常是 AIC 准则，以 AIC 取值最小时的滞后期为最佳滞后阶数。通过软件反复测验，VAR 模型在滞后 3 阶时取得 AIC 最小值 -34.78，因此选取滞后阶数为 3。同时，根据 AR 根的图表对模型进行稳定性检验，发现被估计的 VAR 模型所有根模都位于单位圆内，即说明所建立的模型是稳定的，估计结果也将是有效的。鉴于此，建立并估计如公式（7 - 10）、公式（7 - 10）形式的 VAR 模型：

$$
\begin{bmatrix} \text{gdp}_t \\ \text{loan}_t \\ r_t \\ m_{2t} \\ \text{cpi}_t \end{bmatrix} = \begin{bmatrix} a_{11}(L) & \cdots & a_{15}(L) \\ \vdots & & \vdots \\ a_{51}(L) & \cdots & a_{55}(L) \end{bmatrix} \begin{bmatrix} \text{gdp}_{t-1} \\ \text{loan}_{t-1} \\ r_{t-1} \\ m_{2t-1} \\ \text{cpi}_{t-1} \end{bmatrix} + \begin{bmatrix} \mu_{1t} \\ \mu_{2t} \\ \mu_{3t} \\ \mu_{4t} \\ \mu_{5t} \end{bmatrix} \quad (7-10)
$$

VAR 模型是一种非理论性的模型，由于其参数的 OLS 估计量只具有一致性，往往不分析一个变量的变化对另一个变量的影响情况，因此对单个参数估计值进行经济解释比较困难。因而，要想对一个 VAR 模型作出结论，可以观察其系统生成的脉冲响应函数。

脉冲响应函数（impulse response function，IRF）表示的是一个内生变量对一个标准单位误差的反应，能够直观地刻画出变量之间的动态交互作用及其效应。下面根据两变量的 VAR 模型来说明脉冲响应函数的基本思想：

$$
\begin{cases} x_t = a_1 x_{t-1} + a_2 x_{t-2} + b_1 z_{t-1} + b_2 z_{t-2} + \varepsilon_{1t} \\ z_t = c_1 x_{t-1} + c_2 x_{t-2} + d_1 z_{t-1} + d_2 z_{t-2} + \varepsilon_{2t} \end{cases} \quad t = 1, 2, \cdots, T \quad (7-11)
$$

其中，a_i，b_i，c_i，d_i 是参数，扰动项 $\varepsilon_t = (\varepsilon_{1t}, \varepsilon_{2t})'$ 假定是具有下面这样性质的白噪声向量：

$$
\begin{aligned} & E(\varepsilon_{it}) = 0, && \text{对于} \forall t \quad i = 1, 2 \\ & \text{var}(\varepsilon_t) = E(\varepsilon_t \varepsilon_t') = \sum = \{\sigma_{ij}\}, && \text{对于} \forall t \\ & E(\varepsilon_{it} \varepsilon_{is}) = 0, && \text{对于} \forall t \neq s \quad i = 1, 2 \end{aligned} \quad (7-12)
$$

假定系统从 0 期开始活动，且设 $x_{-1} = x_{-2} = z_{-1} = z_{-2} = 0$，又设于第 0 期给定了扰动项 $\varepsilon_{10} = 1$，$\varepsilon_{20} = 0$，并且其后均为 0，即 $\varepsilon_{1t} = \varepsilon_{2t} = 0$（$t = 1$，2，…），称此为第 0 期给 x 以脉冲，下面讨论 x_t 与 z_t 的响应，$t = 0$ 时：

$$x_0 = 1, z_0 = 0 \qquad (7-13)$$

将公式（7-13）的结果代入式（7-11），$t = 1$ 时：

$$x_1 = a_1, z_1 = c_1 \qquad (7-14)$$

再把公式（7-14）的结果代入公式（7-11），$t = 2$ 时：

$$x_2 = a_1^2 + a_2 + b_1 c_1, z_2 = c_1 a_1 + c_2 + d_1 c_1 \qquad (7-15)$$

继续这样计算下去，设求得结果为：

$$x_0, x_1, x_2, x_3, x_4, \cdots$$

称为由 x 的脉冲引起的 x 的响应函数。同样所求得：

$$z_0, z_1, z_2, z_3, z_4, \cdots$$

称为由 x 的脉冲引起的 z 的响应函数。

当然，第 0 期的脉冲反过来，从 $\varepsilon_{10} = 1$，$\varepsilon_{20} = 0$ 出发，可以求出由 z 的脉冲引起的 x 的响应函数和 z 的响应函数。因为以上这样的脉冲响应函数明显地捕捉到冲击的效果，所以同用于计量经济模型的冲击乘数分析是类似的。

以上讨论可以推广到多变量的 VAR（p）模型中，由公式（7-11）可得：

$$y_t = (I_k - A_1 L - \cdots - A_p L^p)^{-1} \varepsilon_t$$
$$= (I_k + B_1 L + B_2 L^2 + \cdots) \varepsilon_t \quad t = 1, 2, \cdots, T \qquad (7-16)$$

VMA（∞）表达式的系数可以按照下面的方式给出，由于 VAR 模型的系数矩阵 A_i 和 VMA 的系数矩阵 B_i 必须满足关系：

$$(I - A_1 L - \cdots - A_P L^P)(I_k + B_1 L + B_2 L^2 + \cdots) = I_k \qquad (7-17)$$

$$I_k + \xi_1 L + \xi_2 L^2 + \cdots = I_k \qquad (7-18)$$

其中，$\xi_1 = \xi_2 = \cdots = 0$。关于 ξ_q 的条件递归定义了 MA 系数：

$$
\begin{aligned}
B_1 &= A_1 \\
B_2 &= A_1 B_1 + A_2 \quad q = 1,2,\cdots \\
&\vdots \\
B_q &= A_1 B_{q-1} + A_2 B_{q-2} + \cdots + A_p B_{q-p} \quad \begin{aligned} &\text{若 } q-p = 0\,, \text{令 } B_{q-p} = I_k \\ &q-p < 0\,, \text{令 } B_{q-p} = O_k \end{aligned}
\end{aligned}
\qquad (7-19)
$$

考虑 VMA(∞) 的表达公式：

$$y_t = (I_k + B_1 L + B_2 L^2 + \cdots)\varepsilon_t\,, \quad t = 1,2,\cdots,T \qquad (7-20)$$

y_t 的第 i 个变量 y_{it} 可以写成：

$$y_{it} = \sum_{j=1}^{k} \left(b_{ij}^{(0)} \varepsilon_{jt} + b_{ij}^{(1)} \varepsilon_{jt-1} + b_{ij}^{(2)} \varepsilon_{jt-2} + \cdots \right)\,, \quad t = 1,2,\cdots T \qquad (7-21)$$

其中，k 是变量个数。

如果仅考虑两个变量的情形：

$$B_q = \left(b_{ij}^{(q)} \right), q = 1,2,3,\cdots,i\,;j = 1,2$$

$$
\begin{pmatrix} y_{1t} \\ y_{2t} \end{pmatrix} = \begin{bmatrix} b_{11}^{(0)} & b_{12}^{(0)} \\ b_{21}^{(0)} & b_{22}^{(0)} \end{bmatrix} \begin{pmatrix} \varepsilon_{1t} \\ \varepsilon_{2t} \end{pmatrix} + \begin{bmatrix} b_{11}^{(1)} & b_{12}^{(1)} \\ b_{21}^{(1)} & b_{22}^{(1)} \end{bmatrix} \begin{pmatrix} \varepsilon_{1t-1} \\ \varepsilon_{2t-1} \end{pmatrix} + \begin{bmatrix} b_{11}^{(2)} & b_{12}^{(2)} \\ b_{21}^{(2)} & b_{22}^{(2)} \end{bmatrix} \begin{pmatrix} \varepsilon_{1t-2} \\ \varepsilon_{2t-2} \end{pmatrix} + \cdots
$$

$$(7-22)$$

现在假定在基期给 y_1 一个单位的脉冲，即：

$$\varepsilon_{1t} = \begin{cases} 1\,, & t = 0 \\ 0\,, & \text{其他} \end{cases}$$

$\varepsilon_{2t} = 0$，$t = 0,1,2,\cdots$，则由 y_1 的脉冲引起的 y_2 的响应函数为：

$$t = 0\,, \quad y_{20} = b_{21}^{(0)}$$

$$t = 1\,, \quad y_{21} = b_{21}^{(1)}$$

$$t = 2\,, \quad y_{22} = b_{21}^{(2)}$$

$$\vdots$$

因此，一般由 y_j 的脉冲引起的 y_i 的响应函数为：

$$b_{ij}^{(0)}, b_{ij}^{(1)}, b_{ij}^{(2)}, b_{ij}^{(3)}, b_{ij}^{(4)}, \cdots$$

且由 y_j 的脉冲引起的 y_i 的累积（accumulate）响应函数可表示为 $\sum_{q=0}^{\infty} b_{ij}^{(q)}$。$B_q$ 的第 i 行、第 j 列元素可以表示为：

$$b_{ij}^{(q)} = \frac{\partial y_{i,t+q}}{\partial \varepsilon_{jt}}, \quad q = 0, 1, \cdots; t = 1, 2, \cdots, T \qquad (7-23)$$

作为 q 的函数，公式（7 - 23）描述了在时期 t，其他变量和早期变量不变的情况下 $y_{i,t+q}$ 对 y_{jt} 的一个冲击的反应，称之为脉冲响应函数。

在对以上 VAR 模型进行估计后，便可运用脉冲响应函数来进一步解释货币政策对经济运行的影响程度，据此可知货币政策冲击对解释经济运行预测误差方差的贡献度。在脉冲响应函数中，如果随机误差项相互之间相关，则可以通过 Cholesky 分解使误差项转换为正交项的方法解决。

经过公式（7 - 10）形式的 VAR 模型估计后，为了更加明确地获得各个时期货币政策冲击效果，并且为以下的实证研究提供相对真实可靠的相关数据，特别进行累积脉冲响应函数分析。图 7 - 2、图 7 - 3、图 7 - 4、图 7 - 5 分别为当给利率一个冲击时引起的变量 gdp、loan、m_2、cpi 的累积脉冲响应函数图。在脉冲响应函数图中，横轴表示冲击作用滞后期间数，此处选取滞后 48 期；[①] 纵轴反映了变量的增长率，实线表示累积脉冲响应函数，虚线表示正负两倍标准差偏离带，代表了对变量冲击的反应。一般地，对于稳定的 VAR 模型系统，累积脉冲响应趋向于某些非 0 常数。通过观察图 7 - 2、图 7 - 3、图 7 - 4、图 7 - 5 发现它们的累积响应都趋向于某个非 0 常数，这样也验证了前文所建立的 VAR 模型系统的稳定性。

图 7 - 2 为对利率的冲击引起的变量 gdp 变化的累积脉冲响应函数。从图 7 - 2 中可知，当在本期给利率一个冲击后，在累积 5 期内 gdp 的变化幅度几乎不存在，在滞后 12 期左右，gdp 才出现十分微小的反向浮动。在滞后 17

---

① 选取 48 期为滞后期的目的在于配合各年度的集中度和竞争指标进行后面的实证检验。

期之后，反向变动幅度加大，响应接近 - 0.03，之后各期的响应逐渐加大，但
总体趋势平缓，波动幅度微小。总体上看，累积脉冲响应函数图反映出利率与
gdp 的反向变动关系，即利率上升，gdp 则下降。这与现实经济运行情况基本
吻合，即当利率增加时，投资和消费相应减少，从而导致国内生产总值降低。

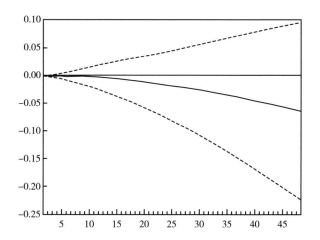

图 7 - 2　对利率的冲击引起的 gdp 变化的累积脉冲响应函数

资料来源：根据回归分析结果得出。

图 7 - 3 为对利率的冲击引起的贷款变化的累积脉冲响应函数图。从图

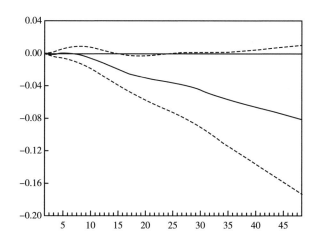

图 7 - 3　对利率的冲击引起的贷款变化的累积脉冲响应函数

资料来源：根据回归分析结果得出。

中可以看出，当给利率一个冲击时，贷款额在滞后 10 期内出现了小幅正反向交替变动，说明贷款对于利率的冲击较为敏感。在滞后 10 期以后贷款始终呈现出反向变动的趋势，只有在滞后 20～30 期时出现了极其平缓、微小的波动。总体看来，利率与贷款额呈现出负相关关系，即利率升高贷款减少，符合经济学一般原理。然而，在累积脉冲响应图中还出现了利率与贷款额同向变化的情况，这有可能是因为贷款额的变动对利率的变化产生了时滞，也有可能是因为我国经济过热而导致的"非理性信贷"的存在。

图 7-4 为对利率的冲击引起的变量 m₂ 变化的累积脉冲响应函数图。从图中可以明显看出，在当期给利率一个冲击时，货币供给量 m₂ 表现出较强的反向变动性，而且波动幅度不显著，整体趋势平稳。这也反映了在现实经济生活中利率与货币供给量相对长期稳定的相关关系。央行往往通过控制利率的升降来限制或者放松商业银行贷款数量，从而起到减少或者增加货币供给量的目的。

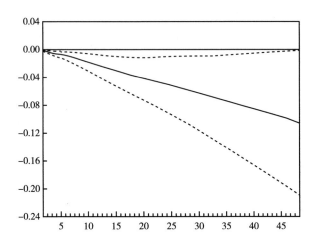

图 7-4 对利率的冲击引起的 m₂ 的累积脉冲响应函数

资料来源：根据回归分析结果得出。

图 7-5 为对利率的冲击引起的变量 cpi 变化的累积脉冲响应函数图。从图中可知，居民消费价格指数 cpi 所表现出的响应状态起伏明显，未表现出

如同其他变量在冲击后所表现出的平稳性。当给利率一个冲击时，cpi 在当期表现出明显的正响应状态，在之后的几期中仍然继续保持这种正影响，并且出现缓慢上升的趋势，最大值的响应接近 0.002。在滞后 15 期时，响应归零，之后出现负响应状态，虽然在滞后 23～30 期时出现小幅回升，但总体表现出稳定的负响应状态。总体看来，以 CPI 为代表的通货膨胀对利率的变动反应十分敏感，在短期内，利率的上升很可能带动物价上涨，从而加大通货膨胀出现的可能性，但是在长期内，利率的变动会带来物价相同方向的走势。

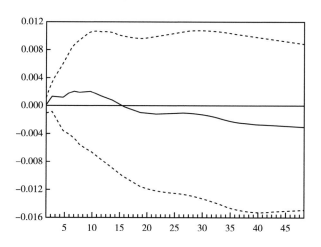

图 7 - 5　对利率的冲击引起的 cpi 变化的累积脉冲响应函数

资料来源：根据回归分析结果得出。

7.5　集中度、竞争与货币政策冲击的实证分析

7.5.1　变量选取与数据处理

在获得了市场集中度代理指标 CR_4、竞争代理指标 H 统计量和货币政策代理指标累积脉冲响应函数后，便可用回归分析中最常用的普通最小二乘法

（ordinary least square，OLS）对三者进行计量检验。所有样本选取区间为 2008~2019 年，其中 CR_4 数值和 H 统计量数值可直接从表 4-1、表 7-2 中获得，并对 CR_4 数值作对数处理，但是对于货币政策代理指标需要特别说明。由于数据的不可获得性，CR_4 数值和 H 统计量数值均为年度数据，而考虑到 VAR 建模的有效性，VAR 模型中选取的数据均为季度数据。因此，累积脉冲响应函数的滞后期选取 48 期，经过反复测算，以滞后第 4 期、第 8 期、第 12 期、第 16 期、第 20 期、第 24 期、第 28 期、第 32 期、第 36 期、第 40 期、第 44 期、第 48 期每隔四期的数值对应 2008~2019 年的每年年度数据，以这样的方法得到尽量真实、生动的货币政策冲击效果，进一步加强实证检验的可信性和科学性。

7.5.2　实证检验结果分析

在实证检验中，分别以利率冲击 GDP 变化的累积脉冲响应（以 r-gdp 表示）、利率冲击 CPI 变化的累积脉冲响应（以 r-cpi 表示）、利率冲击 M_2 变化的累积脉冲响应（以 r-m_2 表示）和利率冲击贷款变化的累积脉冲响应（以 r-loan 表示）为被解释变量建立模型。为了保证线性模型的合理性，首先分析被解释变量和解释变量之间的相关性，通过计算简单相关系数可知，如表 7-7 所示，CR_4 和 H 与 gdp、cpi、m_2、loan 都呈较高程度的正相关，相关系数都在建模可接受范围之内，表明线性模型在解释它们的关系时是比较合适的。因此，可用最小二乘法估计模型结果如表 7-8 所示。

表 7-7　　　　　　　　　　　各变量间相关系数

项目	gdp	cpi	m_2	loan
H	0.3684	0.6573	0.5011	0.5193
$LnCR_4$	0.8802	0.6883	0.8167	0.8085

资料来源：根据回归结果归纳整理。

表 7 - 8　　　　　市场集中度、竞争与货币政策冲击的回归结果

项目	c	CR_4	H	R^2	$\overline{R^2}$	F 统计量
r - gdp	- 1.4944 [- 8.5984] (0.0000)	0.7856 [8.4503] (0.0000)	0.0217 [3.4698] (0.0060)	0.9146	0.8825	41.9720 (0.0000)
r - cpi	- 0.0910 [- 6.4497] (0.0001)	0.0504 [6.3648] (0.0001)	0.0046 [6.0721] (0.0002)	0.8998	0.8785	39.0380 (0.0000)
r - m_2	- 2.0650 [- 8.2799] (0.0000)	1.0727 [8.0491] (0.0000)	0.0436 [4.8997] (0.0007)	0.9107	0.8905	44.7477 (0.0000)
r - loan	- 1.7420 [- 8.3462] (0.0000)	0.9124 [8.1451] (0.0000)	0.0386 [5.1926] (0.0006)	0.9136	0.8948	47.0250 (0.0000)

注：( ) 表示 P 值，[ ] 表示 t 统计量。

资料来源：根据回归结果归纳整理。

首先，分析被解释变量为利率冲击 GDP 变化的累积脉冲响应时的检验结果，由表 7 - 8 可知，R^2 和调整后的 R^2 分别达到 0.9146 和 0.8825，数值接近于 1，表明模型的拟合效果非常好。P 值为 0.0000，反映了变量之间呈高度线性，回归方程十分显著。关于解释变量的系数情况，从 P 值中可知各解释变量对被解释变量的影响显著，CR_4 和 H 的系数均为正值，说明解释变量对被解释变量有正方向影响，所不同的是，CR_4 的系数为 0.7856，而 H 的系数为 0.0217，前者大于后者，说明以 CR_4 表示的市场集中度对被解释变量——反映在 GDP 方面的货币政策冲击的影响程度大于以 H 表示的竞争对被解释变量的影响程度，即当 CR_4 变化一个单位时，r - gdp 将变化 0.7856 个单位；当 H 变化一个单位时，r - gdp 将变化 0.0217 个单位。由此可见，对于货币政策最终目标 GDP 来说，银行业市场结构的市场集中度对其影响程度要大于银行业竞争的影响。

其次，分析被解释变量为利率冲击 CPI 变化的累积脉冲响应时的检验结果，同样由表 7 - 8 可知，R^2 和调整后的 R^2 分别达到 0.8998 和 0.8785，表明模型的拟合效果较好。P 值为 0.0000，反映了变量之间呈高度线性，回归方

程高度显著。再观察解释变量的系数，从 P 值中可知各解释变量显著不为 0，CR_4 和 H 的系数均为正值，说明解释变量与被解释变量同方向变动，但是与上一个模型相比，系数值明显变小，CR_4 的系数为 0.0504，而 H 的系数为 0.0046，前者依旧大于后者，说明以 CR_4 表示的市场集中度对被解释变量——反映在 CPI 方面的货币政策冲击的影响程度大于以 H 表示的竞争对被解释变量的影响程度：当 CR_4 变化一个单位时，r – cpi 将变化 0.0504 个单位；当 H 变化一个单位时，r – cpi 将变化 0.0046 个单位。由此可见，对于货币政策最终目标 CPI 来说，银行业市场结构的市场集中度对其影响要大于银行业竞争的影响。

再次，分析被解释变量为利率冲击 M_2 变化的累积脉冲响应时的检验结果，由表 7 – 8 可知，R^2 和调整后的 R^2 分别达到 0.9107 和 0.8905，数值也比较接近于 1，表明模型的拟合效果尚佳。P 值同样为 0.0000，反映了各变量之间呈高度线性相关，回归模型十分显著。各解释变量系数的 P 值显示解释变量能够很好地解释被解释变量，CR_4 和 H 的系数均为正值，说明解释变量与被解释变量同方向变动，与前面模型相同的是，CR_4 的系数仍然大于 H 的系数，分别为 1.0727 和 0.0436，而且两者数值相差较大，说明以 CR_4 表示的市场集中度对被解释变量——反映在货币供给量 M_2 方面的货币政策冲击的影响程度大于以 H 表示的竞争对被解释变量的影响程度：当 CR_4 变化 1% 时，r – m_2 将变化 1.0727%；当 H 变化 1% 时，r – m_2 将变化 0.0436%。由此可见，由货币供给量变化引起的货币政策冲击，受到银行业市场集中度的影响要大于银行业竞争对其的影响。

最后，分析被解释变量为利率冲击贷款变化的累积脉冲响应时的检验结果，由表 7 – 8 可知，R^2 和调整后的 R^2 分别是 0.9136 和 0.8948，可见模型的拟合效果同样非常好。P 值是 0.0000，反映了变量之间呈高度线性，回归方程高度显著。从 P 值中可知各解释变量显著不为 0，即说明解释变量对被解释变量有显著性影响，同时 CR_4 和 H 的系数均为正值，说明解释变量与被解释变量同方向变动。CR_4 的系数为 0.9124，而 H 的系数为 0.0386，前者大于后者，说明以 CR_4 表示的市场集中度对被解释变量——反映在贷款方面的货币政策冲击的影响程度大于以 H 表示的竞争对被解释变量的影响程度，即当 CR_4 变化一个单位时，r – loan 将变化 0.9124 个单位；当 H 变化一个单位时，r – loan 将变化 0.0386 个单位。由此可见，对于货币政策由信贷传导的渠道来说，银行业市场集中度对其的影响要大于银行业竞争。

因此，总体来看，模型拟合效果优良，实证结论明确。在所建立的四个模型中，市场集中度和竞争都会对货币政策各变量（gdp、cpi、m_2、loan）产生较显著的影响作用，但是需要特别指出的是，市场集中度对各个被解释变量的影响程度明显大于竞争的影响力。从解释变量的系数还可以得知，市场集中度和竞争对货币政策各变量的影响程度的顺序是一致的，即对货币供给量 m_2 的影响最强烈，其次依次为贷款 loan、gdp 和 cpi。以上结论都能说明，在我国当前宏观经济运行环境中，银行业市场结构对货币政策传导机制具有一定的积极意义。

7.6　本章小结

本章在详细区分市场集中度和竞争两个概念的基础上，运用实证检验的方法主要考察我国银行业市场集中度和竞争程度对货币政策传导机制的影响作用。追随弘·贡吉等（Hiroshi Gunji et al.，2009）的研究思路，以 CR_4 指标代表银行业市场集中度，以 Panzar-Rosse 模型计算出我国 H 统计量代表银行业竞争程度，以建立 VAR 模型得出累积脉冲响应函数代表货币政策冲击，最终运用普通最小二乘法对三个变量进行估计，研究结论发现我国银行业市场集中度和竞争程度对货币政策传导机制都会产生较为显著的影响，然而两者相比，市场集中度的影响力更强一些。这也充分说明了我国目前的银行业市场结构对货币政策传导机制具有一定的积极意义。

目前，我国银行业市场结构中较高的市场集中度主要来自大型商业银行，它们依旧占据着我国银行业市场结构中的核心地位，与国家保持着某种特别产权关系确定了其在执行国家政策时的特别执行力。同时，我国银行业中也的确存在着大量的竞争行为，但是目前银行业中所表现出来的竞争并不能称为有效竞争，还存在着竞争范围狭窄、竞争秩序混乱、竞争效率低下等深层次问题，正是因为这些问题的存在导致竞争还不能作为我国货币政策银行信贷渠道有效传导的一个重要因素。

第 8 章

结论与展望

8.1　主要结论

　　本书从银行业市场结构角度出发，研究我国银行业市场结构通过银行信贷渠道对货币政策传导机制的影响作用问题。综观全文，主要结论可以概括为：我国货币政策银行信贷渠道是存在的，当前的银行业市场结构对我国货币政策传导机制发挥着一定的积极作用。具体结论体现在以下四个方面。

　　第一，通过构建贷款市场总体均衡的模型，对我国垄断竞争银行业市场结构背景下的货币政策银行信贷渠道的传导机制进行研究，发现当银行同时满足资本充足率和存贷比要求时，通过银行传导的货币政策银行信贷渠道存在。另外，垄断竞争的市场结构决定了银行间在价格竞争方面表现出"战略互补"的特征，并由此带来"模仿效应"，进而使银行业对货币政策冲击所作出的反应出现具有放大性的"乘数作用"。然而，当个体银行不能满足资本充足率或存贷比要求时，同样是由于"模仿效应"的存在，货币政策银行信贷渠道将不存在。

　　第二，在考察我国银行业结构特征对货币政策银行信贷渠道传导的影响时发现，资本充足率特征对货币政策冲击的影响最强烈，其次是流动性特征，最后是规模特征。资本充足率指标在当期和滞后 1 期时表现出不一致性，即在当期资本不充足的银行对货币政策冲击反应灵敏，然而在滞后 1 期时，资本充足的银行又比资本不充足的银行反应灵敏。规模特征对银行信贷余额和货币政策冲击在统计上表现出一定的显著性，但是显著程度不及资本充足率特征及流动性特征。在当期和滞后 1 期时，规模也表现出一定的不一致性，即在当期规模小的银行对货币政策冲击反应灵敏，而在滞后 1 期时规模较大的银行对货币政策冲击的影响更敏感。流动性特征表现出与货币政策冲击之间存在显著相关性，意味着我国银行业流动性特征是影响货币政策银行信贷渠道传导的重要因素之一。除此之外，还发现中资银行和外资银行不会因为资本充足率、流动性、资本规模等银行业特征的不同而对货币政策银行信贷渠道的传导效果产生差异。

第三，在考察我国银行业类型特征对货币政策银行信贷渠道传导的影响时发现，不同类型的银行在我国货币政策银行信贷渠道传导中发挥着不同的作用。大型商业银行、政策性银行和国家开发银行、股份制商业银行在对货币政策最终目标 GDP 的传导方面都表现出无效性；大型商业银行在对货币政策最终目标 CPI 的银行信贷渠道的传导中表现出较为显著的效果，而政策性银行和国家开发银行、股份制商业银行仍然表现出效果不显著；大型商业银行对利率改变的调控不敏感，而政策性银行和国家开发银行、股份制商业银行都表现出一定程度的传导效应，但是前者的效果优于后者；只有大型商业银行对以货币供给量调控的货币政策表现出较为显著的传导效果，政策性银行和国家开发银行、股份制商业银行在统计上均表现出与货币供给量的不显著性。

第四，在考察我国银行业集中度和竞争程度对货币政策银行信贷渠道传导的影响时发现，我国银行业市场结构中的市场集中度和竞争程度都会对货币政策银行信贷渠道产生较为显著的传导影响，然而两者相比，市场集中度的影响力更强一些，竞争程度次之。

8.2　政策建议

虽然我国银行业市场结构对货币政策银行信贷渠道的传导发挥着一定的

积极作用，但是本书的研究中也暴露出一些亟待解决的问题和不足之处，因此，提出以下四条政策建议。

第一，重视银行业市场结构在我国货币政策传导机制中的作用。在我国货币政策传导机制中，信贷渠道始终被认为是主渠道，而其中的银行信贷渠道更是信贷渠道中的重中之重。因此，大力发挥银行信贷渠道对完善我国货币政策传导机制具有十分重要的意义。银行自然是银行信贷渠道中的主要传导媒介，银行的特征是否有利于银行信贷渠道的传导，也就成了信贷渠道是否能够顺利传导的关键所在。我国的金融体系是以银行业为主体，银行在我国宏观经济生活中发挥着极其重要的作用，而银行业市场结构则从整体上决定了银行业的性质，也能够从全局上反映我国整体银行产业的布局与发展情况是否有利于我国货币政策银行信贷渠道发挥作用。但是在我国目前的货币政策制定与调控中，较少地把整个银行体系作为一个产业、从银行业市场结构的角度关注其对货币政策传导机制的影响作用。因此，若要充分发挥银行整个产业在货币政策银行信贷渠道中的传导作用，就应该在货币政策制定过程中更加重视银行业市场结构的作用。

第二，针对我国银行业市场结构特征，在可操作和执行的范围内制定与实施有差别化的货币政策制度。从本书的研究中可以明显看出，我国银行业市场结构中充满着大量特征差异明显的个体银行，它们在整个银行业市场结构中所处的地位和发挥的作用均有所区别。但是，目前我国实施统一的货币政策，即调控工具、调控内容和调控目标等均具有一致性，这就很难使得具有不同特征或不同优劣势的银行在同一标准上发挥相同的作用效果。这不仅不利于货币政策银行信贷渠道的顺利传导，而且还有可能在一定程度上扰乱银行的正常经营、损害银行的既得利益。银行也有可能因此形成对货币政策传导的被动心理，甚至为了实现自身的利润最大化而做出有损货币政策传导的非理性行为。尽管近年来出现了一些新型货币政策工具，但新型货币政策工具的作用效果仍不够理想。因此，我国当前的货币政策应该在一定程度上提高针对性，进一步尝试差别化，尽力调动各个类型的银行在货币政策银行信贷传导机制中发挥其应有的传导作用。

第三，加强银行业间有效竞争，培养良好健康的市场竞争秩序和规则。在我国银行业市场结构中，既不缺乏集中，也不缺乏竞争，集中和竞争在市场结构中同时并存。在银行业中，集中不能作为衡量竞争的单一标准，集中也并不排斥竞争。在当前我国银行业市场结构中，虽然大型商业银行依旧表现出较高的集中度，但是银行间却上演着越来越激烈的竞争。然而，本书的实证研究并没有发现我国银行业当前激烈的竞争对货币政策银行信贷渠道发挥出更加突出的作用，因此，不得不思考我国银行业市场结构中竞争的有效性问题。特别是伴随着目前外资银行的全面进入，竞争环境、竞争范围和竞争程度等多种因素都将发生全面的变化，这也为我国中资银行的发展带来了挑战和机遇。另外，我国利率尚未完全市场化也导致了价格管制的出现，使得最重要、最核心的价格竞争手段难以发挥作用。因此，相关监管部门应该更加重视和实施合理引导竞争的相关政策，推进利率市场化，督促市场中进行有序的、梯度式的竞争，促进相同性质和规模的银行在产品、服务、技术创新等方面进行诚信竞争，努力促进有效竞争机制的形成，以此增强银行业市场结构竞争程度这一因素对我国货币政策银行信贷渠道传导的作用效果。

第四，进一步优化我国银行业市场结构，逐步深化各类型银行改革。当前我国银行业市场结构属于垄断竞争的市场结构，整个银行产业布局合理，但是仍然存在着行政垄断集中、有效竞争缺失、进入壁垒高等问题。因此，我国银行业市场结构还需进一步优化。处于市场结构中的各类型银行，虽然在近几年的改革中发展突飞猛进，但是依然存在着一些问题，需要进一步深化改革。

对于政策性银行和国家开发银行来说，要认真贯彻国务院决策部署，推动落实相关改革措施，深化内部改革，调整服务职能，开展金融创新探索，积极拓展业务领域，寻求多元融资方式，在市场失灵客观因素存在的条件下，尽力减少道德风险出现的可能性，缩小市场融资模式的挤出效应，以更好地实现对货币政策银行信贷渠道的传导作用。

对于大型商业银行来说，我国大型商业银行在近几年的改革中已经取得了重大进展。中国工商银行、中国农业银行、中国建设银行和中国银行的相继股份制改革，使得四大行在公司治理、发展战略、经营理念等方面取得了突出的成绩，面貌焕然一新。然而，大型商业银行由于历史包袱重，需要继续深化改革，努力巩固各方面已取得的成果。而深化改革的关键，是要继续完善公司治理制度，加快转变经营机制和理念，健全有效的制衡机制，强化基础管理、内部控制和风险防范机制，发展目标从片面追求数量，向数量与质量并重、质量为先转变。但是，通过本书的实证研究发现，从货币政策传导机制的角度来看，我国大型商业银行还需解决另一个重要的问题，即处理好与政府、与企业之间的关系，厘清银行与政府的关系，有助于银行发挥自身主观能动性，以现代企业的标准经营，既不"惜贷"也不"乱贷"，这样才能切实有效地对货币政策进行传导。

对于股份制商业银行来说，它们的改革对优化我国银行业结构起着承上启下的"顶梁柱"作用。股份制商业银行与大型商业银行相比，具有体制、政策、经营、管理等方面的比较优势，同时，它们也具有劣势，如在资产、规模等方面仍然与大型商业银行具有不小的差距。从本书的分析中，也并未得出股份制商业银行对货币政策的传导更加有优势的结论。这说明我国股份制商业银行需要继续深化改革和创新，为发挥货币政策银行信贷渠道的作用作出应有的贡献。因此，各股份制商业银行应该更加明确自身定位，强化资本约束和风险管理，推行信贷组合管理，细化授信政策和流程，明确目标客户群，大力发展中小企业客户群，转变传统营利模式和经营理念，加强产品和服务创新，探索利润多元化和业务模式的转型，进一步完善公司治理，推动流程银行建设和流程再造，强化内部管理。

对于其他类型的商业银行来说，也应该重视其自身改革发展，发挥传导货币政策银行信贷渠道的作用。城市商业银行应不断提高资产质量，实现资源整合和共享，加大跨区域发展力度，发展成为摆脱地方行政干预、具有独立决策权的现代金融，立足本地资源，开发本地产品，服务本地客户；农村合作金融机构（包括农村信用社、农村合作银行以及农村商业银行）加快推进管理体制和产权制度改革，政府适当鼓励，建立多元化的农村金融结构，建立竞争性的农村金融市场。

8.3　研究展望

本书的研究虽然为我国银行业市场结构对货币政策银行信贷渠道传导的影响作用进行了理论和实证分析，但是由于主客观原因，依然存在着一些不足和问题，值得下一步继续深入研究。

第一，对于我国银行业市场结构的界定，考虑了易量化指标的测度，如市场集中度、竞争等，对于同样反映市场结构特性的产品差异化、进入壁垒等问题未能进行深入研究和探讨，更未进行理论和实证研究，这便为之后研究提供了可能性。

第二，由于受到数据可获得性的限制，本书的实证研究中多采用年度数据，使得统计检验结果不是十分完美。另外，也是受到数据和资料的保密性限制，更多类型的银行数据无法获得，如城市商业银行、农村合作金融机构、外资银行等，这便在一定程度上降低了本书实证研究的说服力，因此，这也可以作为下一步深入研究的方向和内容。

参考文献

［1］白钦先. 历史的审视与现实的思考——近百余年来经济与社会发展中的日本金融［J］. 日本学刊，1996（6）：1–12.

［2］蔡跃洲，郭梅军. 金融结构与货币传导机制——我国转型时期的分析与实证检验［J］. 经济科学，2004（3）：15–26.

［3］陈飞，赵昕东，高铁梅. 我国货币政策工具变量效应的实证分析［J］. 金融研究，2002（10）：25–30.

［4］陈刚，冯艳，杨亮. 中国银行业结构变迁与经济增长的实证研究［J］. 金融论坛，2008（10）：21–27.

［5］陈书涵，黄志刚，林朝颖，徐亚论. 定向降准政策对商业银行信贷行为的影响研究［J］. 中国经济问题，2019（1）：14–26.

［6］陈伟光，李隽. 银行业集中度、竞争与稳定性研究［J］. 广东外语外贸大学学报，2007（5）：78–81.

［7］陈雄兵. 银行竞争、市场力量与货币政策信贷传导［J］. 财贸经济，2017，38（2）：63–76.

［8］陈雨露，汪昌云. 金融学文献通论——宏观金融卷［M］. 北京：中国人民大学出版社，2006：27.

［9］成妍霞. 构建我国有效竞争的银行业市场结构［J］. 金融经济，2006（20）：65–66.

[10] 戴金平，金永军，刘斌. 资本监管、银行信贷与货币政策非对称效应 [J]. 经济学（季刊），2008（1）：481 – 507.

[11] 丁忠明，王海林. 互联网金融发展对我国银行业竞争度的影响——基于 Panzar-Rosse 模型的实证研究 [J]. 北京化工大学学报（社会科学版），2016（1）：7 – 12.

[12] 董华平，干杏娣. 我国货币政策银行贷款渠道传导效率研究——基于银行结构的古诺模型 [J]. 金融研究，2015（10）：48 – 63.

[13] 樊明太. 金融结构及其对货币传导机制的影响 [J]. 经济研究，2004（7）：27 – 37.

[14] 范瑞，王书华. 银行业市场结构对中国经济增长的影响研究：理论机制与经验证据 [J]. 宏观经济研究，2020（7）：17 – 32，96.

[15] 冯尧，廖晓燕，彭欢. 银行业市场结构与非国有经济增长 [J]. 统计研究，2011，28（3）：107 – 108.

[16] 高铁梅，王金明. 我国货币政策传导机制的动态分析 [J]. 金融研究，2001（3）：50 – 58.

[17] 高玉泽. 我国银行业的市场结构与竞争行为 [J]. 产业经济研究，2003（1）：49 – 55.

[18] 葛兆强. 规模经济、银行规模与银行规模边界 [J]. 华南金融研究，1999（3）：4 – 10.

[19] 郭友，莫倩. 资本约束与信贷挤压 [J]. 金融研究，2006（7）：134 – 142.

[20] 韩曙平，李平. 2007 年以来中国货币政策问题分析 [J]. 淮海工学院学报（社会科学版），2009（9）：71 – 75.

[21] 贺小海，刘修岩. 我国银行业结构与经济增长的因果关系研究——基于分期省级面板数据的实证研究 [J]. 产业经济研究，2008（2）：8 – 16.

[22] 贺小海，刘修岩. 银行业结构与经济增长——来自中国省级面板数据的证据 [J]. 南方经济，2008（10）：14 – 24.

［23］贺小海，刘修岩．中国银行业结构影响因素的实证研究［J］．财经研究，2008（5）：52－62．

［24］胡振华，胡绪红．金融结构差异与货币政策的区域效应——以中部六省为例［J］．统计与决策，2007（23）：101－103．

［25］黄隽．银行竞争与银行数量关系研究——基于韩国、中国和中国台湾的数据［J］．金融研究，2007（7）：78－93．

［26］江群，曾令华，黄泽先．我国货币政策信贷传导渠道的动态分析：1993－2007［J］．湘潭大学学报（哲学社会科学版），2008（7）：40－44．

［27］江群，曾令华．我国货币政策信贷传导渠道：理论模型及实证分析［J］．财经论丛，2008（5）：40－46．

［28］交通银行课题组．中国商业银行流动性评价及其影响因素分析［J］．新金融，2009（8）：4－9．

［29］雷震，彭欢．银行业市场结构与中小企业的生成：来自中国1995～2006年的证据［J］．世界经济，2010，33（3）：109－125．

［30］李百吉．我国商业银行结构、效率与绩效关系研究［J］．中央财经大学学报，2008（11）：32－37．

［31］李斌．中国货币政策有效性的实证研究［J］．金融研究，2001（7）：10－17．

［32］李国栋，陈辉发．我国银行业市场竞争度估计不一致检验与实证——基于Panzar-Rosse模型的一个讨论［J］．数量经济技术经济研究，2012，29（6）：3－8，10－11，14－18，101．

［33］李华民．寡头均衡绩效改善与金融稳定——中国银行业结构变迁的政策取向［J］．金融研究，2005（8）：23－36．

［34］李继民，胡坚．中国银行业市场结构、绩效与规模经济——基于2004－2007年面板数据的实证研究［J］．金融理论与实践，2010（6）：3－8．

［35］李嘉，李倩．我国银行业市场结构与经济增长关系实证研究［J］．华北金融，2015（5）：28－30，34．

[36] 李孟刚. 产业经济学 [M]. 北京：高等教育出版社，2008：34.

[37] 李琼，王志伟. 货币政策传导机制：货币渠道抑或信贷渠道 [J]. 广东金融学院学报，2006（11）：22 – 28.

[38] 李泉，王彦龙，鲁科技. 地方政府债务、银行业结构与绿色信贷水平 [J]. 甘肃金融，2020（12）：49 – 54.

[39] 李双建，田国强. 银行竞争与货币政策银行风险承担渠道：理论与实证 [J]. 管理世界，2020，36（4）：149 – 168.

[40] 李伟，韩立岩. 外资银行进入对我国银行业市场竞争度的影响：基于 Panzar-Rosse 模型的实证研究 [J]. 金融研究，2008（5）：87 – 98.

[41] 李一鸣，薛峰. 我国商业银行市场结构现状分析及其优化研究 [J]. 中国工业经济，2008（11）：78 – 87.

[42] 李志辉，国娇. 中国银行业改革发展的逻辑机理 [J]. 中国金融，2009（1）：12 – 14.

[43] 梁国平. 银企关系对企业创新的影响 [D]. 成都：西南财经大学，2019.

[44] 廖国俊，邹忠良，廖小华. 货币政策传导途径理论和实证分析 [J]. 重庆邮电学院学报（社会科学版），2006（1）：51 – 55.

[45] 林铁钢. 中国银行业改革：历史回顾与展望 [J]. 中国金融，2005（3）：16 – 18.

[46] 林毅夫，姜烨. 发展战略、经济结构与银行业结构：来自中国的经验 [J]. 管理世界，2006（1）：29 – 40.

[47] 林毅夫，姜烨. 经济结构、银行业结构与经济发展——基于分省面板数据的实证分析 [J]. 金融研究，2006（1）：7 – 22.

[48] 林毅夫，孙希芳. 银行业结构与经济增长 [J]. 经济研究，2008（9）：31 – 45.

[49] 刘斌. 资本充足率对我国贷款和经济影响的实证研究 [J]. 金融研究，2005（11）：18 – 30.

[50] 刘莉亚，余晶晶. 银行竞争对货币政策传导效率的推动力效应研

究——利率市场化进程中银行业的微观证据 [J]. 国际金融研究，2018
（3）：57 – 67.

[51] 刘涛雄，王伟. 银行信贷结构对货币政策有效性的影响 [J]. 清
华大学学报（哲学社会科学版），2013，28（3）：138 – 147，161.

[52] 刘玮. 关于中国货币政策的研究——论货币政策的信用传导渠道
[D]. 北京：首都经济贸易大学，2004.

[53] 刘洋. 中国银行业集中度对货币政策效果的影响——基于 VAR 模
型的经验实证 [J]. 税务与经济，2011（3）：35 – 41.

[54] 刘尧成，庄雅淳. 中国不同货币政策中介目标传导机制有效性对
比分析 [J]. 金融发展研究，2017（9）：32 – 39.

[55] 陆虹. 我国货币政策信贷传导渠道的有效性及动态变迁分析 [J].
统计与决策，2013（2）：161 – 164.

[56] 罗贵发. 银行结构、信贷渠道与货币政策效果问题研究——基于
中国 1997 ~ 2012 年数据的实证分析 [J]. 上海经济研究，2014（3）：48 –
58.

[57] 潘攀，邓超. 企业异质性与货币政策信贷传导渠道有效性 [J].
财经理论与实践，2020，41（2）：40 – 47.

[58] 彭宇文，张美婷，毛超. 银行业市场结构与经济增长关系——基
于广东省与湖南省的空间计量研究 [J]. 经济地理，2013，33（10）：108 –
116.

[59] 齐浩志. 经济发展阶段、金融结构与经济增长研究 [D]. 武汉：
中南财经政法大学，2018.

[60] 千慧雄，安同良. 银行业市场竞争对企业技术创新的影响机制研
究 [J]. 社会科学战线，2021（3）：83 – 92.

[61] 钱雪松. 公司金融、银行业结构和货币传导机制 [J]. 金融研究，
2008（8）：19 – 28.

[62] 盛朝晖. 中国货币政策传导渠道效应分析：1994 – 2004 [J]. 金
融研究，2006（7）：22 – 29.

［63］石晓烽．中国银行业竞争有效性的实证研究——基于1995－2006年面板数据的分析［J］．东北大学学报（社会科学版），2008（11）：495－500．

［64］孙明华．我国货币政策传导机制的实证分析［J］．财经研究，2004（3）：19－30．

［65］孙天琦．准市场组织的发展与"寡头主导，大、中、小共生"的金融组织结构研究——以银行业为例的分析［J］．金融研究，2001（10）：1－12．

［66］唐雷，赵卫东．金融结构决定与货币政策传导机制——国际比较与中国经济转型时期的理论与实证［J］．学术论坛，2008（10）：97－105．

［67］汪恒．信贷渠道与货币政策传导机制：上海的经验［J］．上海金融，2007（4）：34－36．

［68］王国红．论中国银行业的市场结构［J］．经济评论，2002（2）：96－103．

［69］王红．银行结构与经济发展：中国银行业的实证分析［J］．经济学家，2005（5）：111－116．

［70］王虎，王宇伟，范从来．股票价格具有货币政策指示器功能吗——来自中国1997－2006年的经验证据［J］．金融研究，2008（6）：94－108．

［71］王振山，王志强．我国货币政策传导途径的实证研究［J］．财经问题研究，2000（12）：60－63．

［72］吴元璋．论新兴商业银行的规模发展策略［J］．经济师，2000（10）：84－85．

［73］徐明东，陈学彬．中国微观银行特征与银行贷款渠道检验［J］．管理世界，2011（5）：24－38，187．

［74］徐文娜，张吉国．我国银行业市场结构现状分析［J］．合作经济与科技，2017（15）：93－96．

［75］许小苍．银行内部特征与货币政策银行信贷渠道关系的实证研究［J］．海南金融，2009（1）：8－12．

［76］杨宜. 商业银行业务管理［M］. 北京：北京大学出版社，2009：27.

［77］姚余栋，谭海鸣. 通胀预期管理和货币政策——基于"新共识"宏观经济模型的分析［J］. 经济研究，2013，48（6）：45 – 57.

［78］叶欣，郭建伟，冯宗宪. 垄断到竞争：中国商业银行业市场结构的变迁［J］. 金融研究，2001（11）：79 – 85.

［79］易丹辉. 数据分析与 Eviews 应用［M］. 北京：中国统计出版社，2005：144，201.

［80］尹优平. 中央银行货币政策在基层传导的梗阻及疏导［J］. 财经科学，2003（4）：21 – 24.

［81］于良春，鞠源. 垄断与竞争：中国银行业的改革和发展［J］. 经济研究，1999（8）：48 – 57.

［82］曾国安，马宇佳. 金融结构差异对东、中、西部地区经济增长的影响——基于中国省际面板数据的实证分析［J］. 经济问题，2017（9）：34 – 40.

［83］战明华，李欢. 金融市场化进程是否改变了中国货币政策不同传导渠道的相对效应？［J］. 金融研究，2018（5）：20 – 36.

［84］战明华，应诚炜. 利率市场化改革、企业产权异质与货币政策广义信贷渠道的效应［J］. 经济研究，2015，50（9）：114 – 126.

［85］张芳，李龙. 中国银行业市场结构衡量指标及分析［J］. 宏观经济研究，2012（10）：77 – 83.

［86］张浩. 我国货币政策传导的信贷渠道［J］. 合作经济与科技，2010（4）：52 – 54.

［87］张璇，李子健，李春涛. 银行业竞争、融资约束与企业创新——中国工业企业的经验证据［J］. 金融研究，2019（10）：98 – 116.

［88］张屹山，张代强. 前瞻性货币政策反应函数在我国货币政策中的检验［J］. 经济研究，2007（3）：20 – 32.

［89］赵健. 中国银行卡产业发展研究［D］. 天津：天津大学，2007.

［90］赵昕. 论中国货币政策的传导机制［J］. 财经界，2007（2）：

136 – 137.

　[91] 赵旭，蒋振声，周军民. 中国银行业市场结构与绩效实证研究 [J]. 金融研究，2001（3）：59 – 67.

　[92] 赵子铱，彭琦，邹康. 我国银行业市场竞争结构分析——基于 Panzar-Rosse 范式的考察 [J]. 统计研究，2005（6）：32 – 38.

　[93] 植草益. 微观规制经济学 [M]. 北京：中国发展出版社，1992.

　[94] 周孟亮，李明贤. 货币政策传导过程中的金融体系研究 [J]. 中央财经大学学报，2007（3）：45 – 49.

　[95] 周孟亮，李明贤. 我国货币政策传导途径的实证研究——基于 1998 年以来的实际情况 [J]. 山西财经大学学报，2006（3）：49 – 53.

　[96] 庄毓敏，张祎. 流动性覆盖率监管会影响货币政策传导效率吗？——来自中国银行业的证据 [J]. 金融研究，2021（11）：1 – 21.

　[97] Acevedo, D., Manuel C. Capital Markets and Financial Intermediation [J]. Britain：Cambridge University Press, 1993.

　[98] Adams, R. M., Amel D. F. The Effects of Local Banking Market Structure on the Bank-Lending Channel of Monetary Policy [J]. Social Science Electronic Publishing, 2005, 16.

　[99] Albertazzi, U., Nobili, A., and Signoretti F. M. The Bank Lending Channel of Conventional and Unconventional Monetary Policy [J]. Temi Di Discussione, 2016.

　[100] Amel, D. F., Rhoades S. A. Strategic Groups in Banking [J]. The Review of Economics and Statistics, 1988, 70（4）：685 – 689.

　[101] Amidu M, Wolfe S. The Impact of Market Power and Funding Strategy on Bank-Interest Margins [J]. European Journal of Finance, 2013, 19（9）：888 – 908.

　[102] Amidu, M., Wolfe S. B. Does Bank Competition and Diversification Lead to Greater Stability? Evidence from Emerging Markets-Science Direct [J]. Review of Development Finance, 2013, 3（3）：152 – 166.

[103] Arellano, M., Bond S. Some Tests of Specification for Panel Data: Monte Carlo Evidence and an Application to Employment Equations [J]. Review of Economic Studies, 1991, 58 (2): 277 – 297.

[104] Leroy A. Competition and the Bank Lending Channel in Eurozone [J]. Journal of International Financial Markets, Institution and Money, 2014, 32 (7): 296 – 314.

[105] Baglioni, A. Monetary Policy Transmission Under Different Banking Structures: The Role of Capital and Heterogeneity [J]. International Review of Economics & Finance, 2007, 16 (1): 78 – 100.

[106] Bain J. S. Industrial Organization [M]. New York: Wiley, 1959.

[107] Beck, T., R. Levine, and N. Loayza. Finance and the Sources of Growth [J]. Journal of Financial Economics, 2000, 58 (2): 261 – 300.

[108] Berger, A. N., Udell G. F. Relationship Lending and Lines of Credit in Small Firm Finance [J]. The Journal of Business, 1995, 68 (3): 351 – 381.

[109] Berger, A. N., Hannan T. H. The Price-Concentration Relationship in Banking [J]. Research Papers in Banking and Financial Economics, 1989, 71 (2): 291 – 299.

[110] Bernanke, B., Gertler M. Inside the Black Box: The Credit Channel of Monetary Policy Transmission [J]. The Journal of Economic Perspectives, 1995, 9 (4): 27 – 48.

[111] Bernanke, B. S., Blinder A. S. Credit, Money, and Aggregate Demand [J]. American Economic Review, 1988, 78 (2): 435 – 439.

[112] Bernanke, B. S., Mihov, I. Measuring Monetary Policy [J]. The Quarterly Journal of Economics, 1998, 113 (3): 869 – 902.

[113] Bikker, J. A., Haaf K. Competition, Concentration and Their Relationship: An Empirical Analysis of the Banking Industry [J]. Journal of Banking & Finance, 2002, 26 (11): 2191 – 2214.

[114] Blum, J., Hellwig M. The Macroeconomic Implications of Capital

Adequacy Requirements for Banks [J]. European Economic Review, 1995 (39): 739 – 749.

[115] Boivin, J. , Giannoni M. P. Has Monetary Policy Become More Effective? [J]. Social Science Electronic Publishing, 2006, 88 (3): 445 – 462.

[116] Boivin, J. , Kiley, M. T. , and Mishkin F. S. How Has the Monetary Transmission Mechanism Evolved Over Time? [J]. Handbook of Monetary Economics, 2010, 3: 369 – 422.

[117] Bolton, P. , Freixas X. Corporate Finance and the Monetary Transmission Mechanism [J]. Review of Financial Studies, 2006, 19 (3): 829 – 870.

[118] Boungou, W. Empirical Evidence of the Lending Channel of Monetary Policy Under Negative Interest Rates [J]. The Quarterly Review of Economics and Finance, 2021, 81.

[119] Braggion, F. , Ongena S. Banking Sector Deregulation, Bank-Firm Relationships and Corporate Leverage [J]. Economic Journal, 2019, 129 (618): 765 – 789.

[120] Breitenlechner, M. , Scharler J. Monetary Policy Announcements and Bank Lending: Do Banks' Refinancing Markets Matter? [J]. Economic Modelling, 2021, 102 (1).

[121] Buch, C. M. , et al. The International Transmission of Monetary Policy [J]. Working Paper series: Monetary economics, 2018.

[122] Calem, P. S. , Carlino G. A. The Concentration/Conduct Relationship in Bank Deposit Markets [J]. The Review of Economics and Statistics, 1991, 73 (2): 268 – 276.

[123] Caminal, R. , Matutes C. Bank Solvency, Market Structure, and Monitoring Incentives [J]. Centre for Economic Policy Research, 1997.

[124] Casu, B. , Girardone C. Bank Competition, Concentration and Efficiency the Single European Market [J]. Journal of Bank & Finance, 2006, 74 (4): 441 – 468.

［125］ Cecchetti, S. G. Legal Structure, Financial Structure, and the Monetary Policy Transmission Mechanism ［J］. Economic Policy Review, 1999, 5 (2): 9 – 28.

［126］ Cetorelli, N. The Role of Credit Market Competition on Lending Strategies and on Capital Accumulation ［J］. Federal Reserve Bank of Chicago, 1997.

［127］ Cetorell, N. , Goldberg L. S. Banking Globalization, Monetary Transmission, and the Lending Channel ［J］. Social Science Electronic Publishing, 2008, 67 (5): 1811 – 1843.

［128］ Chileshe, P. M. Banking Structure and the Bank Lending Channel of Monetary Policy Transmission: Evidence from Panel Data Methods ［J］. Quantitative Finance and Economics, 2018, 2 (2): 497 – 524.

［129］ Claessens, S, Laeven L. What Drives Bank Competition? Some International Evidence ［J］. Journal of Money, 2004 (36): 563 – 584.

［130］ Neumark D. , Sharpe S. A. Market Structure and the Nature of Price Rigidity: Evidence from the Market for Consumer Deposits ［J］. The Quarterly Journal of Economics, 1992, 107 (2): 657 – 680.

［131］ Dell'Ariccia, G. Information and Bank Credit Allocation ［J］. Journal of Financial Economics, 2004, 72 (1): 185 – 214.

［132］ Diamond D. W. , Rajan R. G. A Theory of Bank Capital ［J］. Journal of Finance, 2000, 55 (6): 2431 – 2465.

［133］ Diamond D. W. Financial Intermediation and Delegated Monitoring ［J］. Review of Economic Studies, 1984, 51 (3), 393 – 414.

［134］ Dwight M. J. , Russell T. Imperfect Information, Uncertainty, and Credit Rationing ［J］. The Quarterly Journal of Economics, 1976, 90 (4): 651 – 666.

［135］ Ehrmann, M. et al. Financial Systems and the Role of Banks in Monetary Policy Transmission in the Euro Area ［J］. Discussion Paper Series 1: Economic Studies, 2001, 18.

［136］Elbourne, A. , Haan J. D. Financial Structure and Monetary Policy Transmission in Transition Countries ［J］. Journal of Comparative Economics, 2006, 34（1）: 1 – 23.

［137］Evangelista T. F. , Araújo, Eliane Cristina de, Evangelista T F. The Effectiveness of Credit as A transmission Channel of the Monetary Policy in Brazi: The Identification Strategy of the Offer and Credit Demand ［J］. Reviews of Environmental Contamination and Toxicology, 2018, 22.

［138］Evanoff D. D. , Fortier D. L. Reevaluation of the Structure-Conduct-Performance Paradigm in Banking ［J］. Journal of Financial Services Research, 1988, 1（3）: 277 – 294.

［139］Fowowe B. Access to Finance and Firm Performance: Evidence from African Countries ［J］. Review of Development Finance, 2017, 7（1）: 6 – 17.

［140］Fungacova, Z, Solanko L. , and Weill L. Does Competition Influence the Bank Lending Channel in the Euro Area? ［J］. Journal of Banking & Finance, 2014（49）: 356 – 366.

［141］Gambacorta, L. Bank-Specific Characteristics and Monetary Policy Transmission: The Case of Italy ［J］. Temi di discussione, 2001, 430.

［142］Gambacorta, L. Inside the Bank Lending Channel ［J］. European Economic Review, 2005, 49（10）: 1737 – 1759.

［143］Giovanni Dell, A. , Marquez, R. Information and Bank Credit Allocation ［J］. Journal of Financial Economics, 2004, 72（1）: 185 – 214.

［144］Roldós G. J. Consolidation and Market Structure in Emerging Market Banking Systems ［J］. Emerging Markets Review, 2004, 5（186）: 39 – 59.

［145］Goldsmith, R. Finance Structure and Economic Development ［M］. London: Yale University Press, 1969.

［146］Golodniuk, I. Evidence on the Bank Lending Channel in Ukraine ［J］. Research in International Business and Finance, 2005: 10 – 11.

［147］Granger. C. Investigating Causal Relations by Ecomometric Models and

Cross-Spectral Methods [J]. Econometrica: Journal of Econometric Society, 1969, 37 (3): 424 – 438.

[148] Gunji, H., Yuan H. Bank Profitability and the Bank Lending Channel: Evidence from China [J]. Journal of Asian Economics, 2010 (21): 129 – 141.

[149] Gunji, H., Miura K., Yuan Y. Bank Competition and Monetary Policy [J]. Japan & the World Economy, 2009, 21 (1): 105 – 115.

[150] Guzman, M. G. Bank Structure, Capital Accumulation and Growth: A Simple Macroeconomic Model [J]. Economic Theory, 2000, 16 (2): 421 – 455.

[151] Haas, R. D., Lelyveld I. V. Foreign Banks and Credit Stability in Central and Eastern Europe: A Panel Data Analysis [J]. Journal of Banking & Finance, 2006, 30 (7): 1927 – 1952.

[152] Hannan, T. H., Berger A. N. The Rigidity of Prices: Evidence from the Banking Industry [J]. American Economic Review, 1991, 81 (4): 938 – 945.

[153] Harman, D. How Effective is Suffixing? [J]. Journal of the American Society for Information Science, 1991, 42 (1): 7 – 15.

[154] Hendricks, T. W., Kempa B. The Credit Channel in U. S. Economic History [J]. Journal of Policy Modeling, 2009, 31 (1): 58 – 68.

[155] Van den Heuvel, S. Does Bank Capital Matter for Monetary Transmission? [J]. Federal Reserve Bank of New York Economic Policy Review, 2002, 8 (5): 259 – 265.

[156] Hülsewig O., Mayer E., and Wollmershäuser T. Bank Loan Supply and Monetary Policy Transmission in Germany: An Assessment Based on Matching Impulse Responses [R]. CESifo Working Paper Series 1380, 2005.

[157] Holtz-Eakin D., Newey W., Rosen H. Estimating Vector Autoregressions with Panel Data [J]. Econometric Society, 1988 (56): 1371 – 1395.

[158] Hosono, K. The Transmission Mechanism of Monetary Policy in Japan: Evidence from Banks' Balance Sheets [J]. Journal of the Japanese and International Economies, 2006, 20 (3): 380 – 405.

[159] Love I., Pería M. S. How Bank Competition Affects Firms' Access to Finance [R]. Policy Research Working Paper Series 6163, 2012.

[160] Inklaar, R., Koetter M., Noth F. Bank Market Power, Factor Reallocation, and Aggregate Growth [J]. Journal of Financial Stability, 2015, 19: 31 – 44.

[161] Jimborean, R. The Role of Banks in the Monetary Policy Transmission in the New EU Member States [J]. Economic Systems, 2009, 33: 360 – 375.

[162] Juurikkala, T., Karas A., and Solanko L. The Role of Banks in Monetary Policy Transmission: Empirical Evidence from Russia [J]. Review of International Economics, 2011, 19 (1): 109 – 121.

[163] Kahn, C. M., Pennacchi, G., and Sopranzetti B. Bank Consolidation and Consumer Loan Interest Rates [J]. Federal Reserve Bank of Chicago, 2001, 78 (1).

[164] Kakes, J., Sturm J. E. Monetary Policy and Bank Lending: Evidence from German Banking Groups [J]. Journal of Banking and Finance, 2002 (26): 2077 – 2092.

[165] Kakes, J. Monetary Transmission in Europe. The Role of Financial Markets and Credit [M]. Cheltenham: Edward Elgar, 2000.

[166] Kashyap, A. K., Stein J. C. The Impact of Monetary Policy on Bank Balance Sheets [J]. Carnegie-Rochester Conference Series on Public Policy, 1995, 42 (1): 151 – 195.

[167] Kashyap et al. The Role of Banks in Monetary Policy: A Survey with Implications for the European Monetary Union [J]. Economic Perspectives, 1997, 22: 2 – 18.

[168] Kashyap et al. What Do a Million Observations on Banks Say About

the Transmission of Monetary Policy? [J]. American Economic Review, 2000, 90 (6): 407 - 428.

[169] Kishan R. P. , Opiela T. P. Bank Size, Bank Capital, and the Bank Lending Channel [J]. Journal of Money, Credit and Banking, 2000, 32 (1): 121 - 141.

[170] Kumar, A. , Dash P. Changing Transmission of Monetary Policy on Disaggregate Inflation in India [J]. Economic Modelling, 2020, 92.

[171] Lemma, V. Shadow Banking Operations [M]. London: Palgrave Macmillan UK, 2016.

[172] Lensink, R. , Sterken E. Monetary Transmission and Bank Competition in the EMU [J]. Journal of Banking & Finance, 2002, 26 (11): 2065 - 2075.

[173] Leo De Haan. Microdata Evidence on the Bank Lending Channel in the Netherlands [J]. De Economist, 2003 (3): 293 - 315.

[174] Lindbeck A. , Burstein M. L. A Study in Monetary Analysis [M]. Stockholm: Almqvist & Wiksell, 1963.

[175] Marquez, R. Competition, Adverse Selection, and Information Dispersion in the Banking Industry [J]. Review of Financial Studies, 2002, 15 (3): 901 - 926.

[176] Matousek, R. , Sarantis N. The Bank Lending Channel and Monetary Transmission in Central and Eastern European Countries [J]. Journal of Comparative Economics, 2009, 37 (2): 321 - 334.

[177] Mazelis, F. Monetary Policy Effects on Financial Intermediation via the Regulated and the Shadow Banking Systems [R]. SFB Discussion Papers, 2014.

[178] Meral, G. The Effect of Bank Size and Bank Capital on the Bank Lending Channel for Turkish Banks [J]. Global Society of Scientific Research and Researchers, 2015, 12 (1): 1 - 28.

[179] Misa, T. The Macroeconomic Implications of the New Basel Accord [J]. Cesifo Economic Studies, 2003, 2: 217 - 232.

［180］Mishkin，S. The Household Balance Sheet and the Great Depression ［J］. Journal of Economic Perspective，1978，38（4）：918 – 937.

［181］Modigliani F.，Miller M. H. The Cost of Capital，Corporation Finance and the Theory of Investment ［J］. The American Economic Review，1958，48（3）：261 – 297.

［182］Molyneux，P.，and J. Thornton. Determinants of European Bank Profitability：A note ［J］. Journal of Banking & Finance，1992，16（6）：1173 – 1178.

［183］Naiborhu，E. D. The Lending Channel of Monetary Policy in Indonesia-Science Direct ［J］. Journal of Asian Economics，2020，67.

［184］Nathan A.，Neave E. H. Competition and Contestability in Canada's Financial System：Empirical Results ［J］. Canadian Journal of Economics，1989，22（3）：576 – 594.

［185］Nelson，B.，Pinter G.，and Theodoridis K. Do Contractionary Monetary Policy Shocks Expand Shadow Banking？ ［R］. Bank of England Working Papers 521，2015.

［186］Olalere O. E. et al. The Effect of Financial Innovation and Bank Competition on Firm Value：A Comparative Study of Malaysian and Nigerian Banks ［J］. Journal of Asian Finance Economics and Business，2021（6）.

［187］Olivero，M. P.，Yuan L.，and Bang N. J. Consolidation in Banking and the Lending Channel of Monetary Transmission：Evidence from Asia and Latin America ［J］. Journal of International Money and Finance，2011，30（6）：1034 – 1054.

［188］Kishan R. P.，Opiela，T. P. Bank Capital and Loan Asymmetry in the Transmission of Monetary Policy ［J］. Journal of Banking & Finance，2006，30（1）：259 – 285.

［189］Panzar J. C.，Rosse J. N. Structure，Conduct and Comparative Statistics ［R］. Bell Laboratories Economics Discussion Paper，1982.

［190］ Panzar J. C. , Rosse J. N. Testing for "Monopoly" Equilibrium ［J］. Journal of Industrial Economics, 1987, 35 (4): 443 – 456.

［191］ Peek J. , Rosengren E. S. Bank Lending and the Transmission of Monetary Policy ［J］. Federal Reserve Bank of Boston Conference Series, 1995, 39: 47 – 79.

［192］ Petersen, M. , Rajan R. The Effect of Credit Market Competition on Lending Relationships ［J］. The Quarterly Journal of Economics, 1995, 110 (2): 407 – 443.

［193］ Philip et al. Determinants of European Bank Profitability: A note ［J］. Journal of Banking and Finance, 1992, 16: 1173 – 1178.

［194］ RFFU Santiago Carbó-Valverde. Bank Market Power and SME Financing Constrains ［J］. Review of Finance, 2009, 13 (2): 309 – 340.

［195］ Rice, T. , Strahan P. E. Does Credit Competition Affect Small-Firm Finance? ［J］. The Journal of Finance, 2010, 65 (3): 861 – 889.

［196］ Romer, C. , Romer D. New Evidence on the Monetary Transmission Mechanism ［J］. Brookings Papers on Economic Activity, 1990, 1: 149 – 213.

［197］ Roosa R. V. , Robert V. Interest Rates and the Central Bank, Money Trade and Economic Growth: In Honor of John Henry Williams ［J］. Journal of Political Economy, 1951, 60: 270 – 295.

［198］ Rose, A. K. Currency Unions and Trade: the Effect is Large ［J］. Economic Policy, 2001, 16 (33): 449 – 461.

［199］ Sapriza, H. , Temesvary J. Asymmetries in the Bank Lending Channel of Monetary Policy in the United States ［J］. Economics Letters, 2020: 189.

［200］ Sarig, K. O. Real and Nominal Effects of Central Bank Monetary Policy ［J］. Journal of Monetary Economics, 2002 (49): 1493 – 1519.

［201］ Schnitzer M. On the Role of Bank Competition for Corporate Finance and Corporate Control in Transition Economies ［J］. Munich Reprints in Economics, 1999.

[202] Shaffer S. Competitive Bank Pricing and Adverse Selection, with Implications for Testing the SCP Hypothesis [J]. Quarterly Review of Economics and Finance, 2002, 42 (3): 633 –647.

[203] Shaffer, S. A Test of Competition in Canadian Banking [J]. Journal of Money Credit and Banking, 1993, 25 (1): 49 –61.

[204] Shaffer, S. Competition, Conduct and Demand Elasticity [J]. Economic Letters, 1982, 10 (1): 167 –171.

[205] Smirlock M. Evidence on the (Non) Relationship between Concentration and Profitability in Banking [J]. Journal of Money, Credit and Banking, 1985, 17 (1): 69 –83.

[206] Smith, R. T. Banking Competition and Macroeconomic Performance [J]. Journal of Money Credit and Banking, 1998, 30 (4): 793 –815.

[207] Stiglitz, J. E. Information and the Change in the Paradigm in Economics [J]. American Economic Review, 2002, 92 (3): 460 –501.

[208] Stiglitz, J. E., Weiss A. Credit Rationing in Markets with Imperfect Information [J]. American Economic Review, 1981, 71 (3): 393 –410.

[209] Sumon, et al. Ionic Liquids for CO_2 Capture Using COSMO-RS: Effect of Structure, Properties and Molecular Interactions on Solubility and Selectivity [J]. Fluid Phase Equilibria, 2011, 310 (1 –2): 39 –55.

[210] Tanaka, M. How Do Bank Capital and Capital Adequacy Regulation Affect the Monetary Transmission Mechanism? [R]. CESifo Working Paper Series, 2002.

[211] Tommaso et al. The Impact of Shadow Banking on the Implementation of Chinese Monetary Policy [J]. International Economics & Economic Policy, 2018 (15): 1 –19.

[212] Toyofuku, K. Soft Budget Constraints, Bank Capital and the Monetary Transmission Mechanism [J]. Japan and the World Economy, 2008, 20 (2): 194 –216.

［213］ Yao Vincent. Fintech, Market Power and Monetary Transmission ［R］. Social Science Research Network Working Paper, 2022.

［214］ Viral A, Hassan N. The Seeds of a Crisis: A Theory of Bank Liquidity and Risk Taking over the Business Cycle ［J］. Journal of Financial Economics, 2012, 106 (2): 349 −366.

［215］ Williamson, S. D. Financial Intermediation, Business Failures, and Real Business Cycles ［J］. The Journal of Political Economy, 1987, 95 (6): 1196 − 1216.

［216］ Worms, A. The Reaction of Bank Lending to Monetary Policy Measures in Germany ［R］. Social Science Research Network Working Paper, 2001, 96: 18 −29.

［217］ Yeyati, E. L., Micco A. Concentration and Foreign Penetration in Latin American Banking Sectors: Impact on Competition and Risk ［J］. Journal of Banking & Finance, 2007, 31 (6): 1633 −1647.

［218］ Yildirim H. S., Philippatos G C. Competition and Contestability in Central and Eastern European Banking Markets ［J］. American: Mimeo University of Tennessee, 2002.

［219］ Youngju Kim, Hyunjoon Lim, Wook Sohn. Bank Competition and Transmission of Monetary Policy ［J］. Applied Economics Letters, 2020, 26: 421 −425.